高等职业教育测绘类专业"十二五"规划教材

线路工程测量

关红亮　蔡英利　主编

中国铁道出版社

２０１３年·北京

内容简介

本书为高等职业教育测绘类专业"十二五"规划教材。全书按照教、学、做一体化的教学模式，以项目教学为主线、典型工作任务为主要内容来编写，突出高等职业教育特色。全书主要介绍了线路工程测量的基本内容和测量方法，共包括 6 个项目。项目 1 介绍线路工程测量中需要用到的中线测量、断面测量等基本测量方法，项目 2 至项目 6 分别介绍了铁路新线、铁路既有线、公路、管道、架空线路等线型工程在勘测设计、施工建设过程中的测量工作。

本书为高等职业技术学院测绘类专业的教材，也可作为铁道工程专业、公路专业、工业与民用建筑专业的教材以及有关工程技术人员的参考书。

图书在版编目（CIP）数据

线路工程测量/关红亮，蔡英利主编 . —北京：
中国铁道出版社，2013.1
高等职业教育测绘类专业"十二五"规划教材
ISBN 978-7-113-15798-2

Ⅰ.①线… Ⅱ.①关… ②蔡… Ⅲ.①铁路测量—线路测量—高等职业教育—教材 Ⅳ.①U212.24

中国版本图书馆 CIP 数据核字（2012）第 318709 号

书　　名：线路工程测量
作　　者：关红亮　蔡英利　主编

策　　划：刘红梅　　电话：010-51873133　　邮箱：mm2005td@126.com　　读者热线：400-668-0820
责任编辑：刘红梅
封面设计：冯龙彬
责任校对：孙　玫
责任印制：李　佳

出版发行：中国铁道出版社（100054，北京市西城区右安门西街 8 号）
网　　址：http://www.51eds.com
印　　刷：北京新魏印刷厂
版　　次：2013 年 1 月第 1 版　2013 年 1 月第 1 次印刷
开　　本：787mm×1 092mm　1/16　印张：8.5　字数：208 千
印　　数：1～3 000 册
书　　号：ISBN 978-7-113-15798-2
定　　价：20.00 元

前言

本书为高等职业教育测绘类专业"十二五"规划教材,主要介绍线路工程测量的有关知识、测量方法及规范要求。线路工程测量中用到的基本测量方法,如高程测量、角度测量、距离测量、导线测量、地形测量、放样、GPS测量、航空摄影测量等,在本系列教材的其他书籍有详细讲解。建议应在学习《测量基本技能训练》、《控制测量》、《数字化测图》、《GPS测量技术》、《摄影测量与遥感》等课程之后学习本书内容。

高等职业院校教学的宗旨就是就业为导向,面向产业第一线,培养具有丰富理论知识和很强动手能力的高级技术应用型人才,以满足人才市场的需求。随着科学技术的发展,现代化的测量仪器和测量技术不断应用于工程建设中,各行业的测量规范也在不断的更新。本书依据有关行业现行的测量规范,结合施工现场先进的测量技术编写,力求适应现代高等职业技术人员培养的需要。

本书由天津铁道职业技术学院关红亮和哈尔滨铁道职业技术学院蔡英利任主编。项目1由哈尔滨铁道职业技术学院蔡英利编写;项目2、项目4由天津铁道职业技术学院关红亮编写;项目3由哈尔滨铁道职业技术学院刘伟楠编写;项目5由黑龙江交通职业技术学院霍如桃编写;项目6由黑龙江交通职业技术学院陈佰忠编写。全书由关红亮统稿。

本书在编写过程中得到了铁道第三勘察设计院集团有限公司测绘分院精测所所长李亚辉、中铁六局天津铁建官延伟的大力支持。在此表示衷心的感谢。

编者水平有限,难免出现疏漏与不妥之处,敬请批评指正。

编　者
2013 年 1 月

目录

项目 1　线路工程测量基础知识

项目描述

线路工程测量的目的是确定线路的空间位置，在勘测设计阶段主要是为工程设计提供资料；在施工阶段主要是将线路中线（包括直线和曲线）按设计的位置进行实地测设。各种线形工程的测量工作大体相似，其中铁路线路测量最具有典型性。本项目主要介绍线路中线、纵断面、横断面测量。

拟实现的教学目标

1. 能力目标
● 能够识读在线路工程测量中遇到的各种设计及施工图纸，提出与线路工程测量有关的问题；
● 在测量过程中，能够运用所学理论知识及技能解决实际工作中的各种难题。

2. 知识目标
● 掌握线路勘测的基本知识及直线、圆曲线、缓和曲线、复合曲线及回头曲线等的计算过程和测设方法；
● 掌握并理解与线路工程测量的相关规范及标准；
● 了解极坐标法测设线路中线的原理及计算方法；
● 了解线路工程中曲线在遇到障碍物情况下的解决方法。

3. 素质目标
● 具备独立思考问题的能力；
● 养成团队合作的意识；
● 具备一定理论联系实践的能力。

相关案例——线路工程测量基本概况

线路工程在运输能力、速度和安全性方面具有突出优势，对实现国土均衡开发、建立统一的市场经济体系、提高现代物流效率和公众生活质量等具有重要作用。

线路工程是指长宽比很大的工程，包括铁路、公路、供水明渠、输电线路、各种用途的管道工程等。这些工程的主体一般是在地表，但也有在地下的，还有的在空中，如地铁、地下管道、架空索道和架空输电线路等。线路工程建设过程中需要进行的测量工作，称为线路工程测量，简称线路测量。线路工程建设在规划设计之前都要进行勘测工作，对与设计有关的自然条件进行调查了解，这一阶段的测量工作主要是地形图的测绘，如图 1.1 所示。

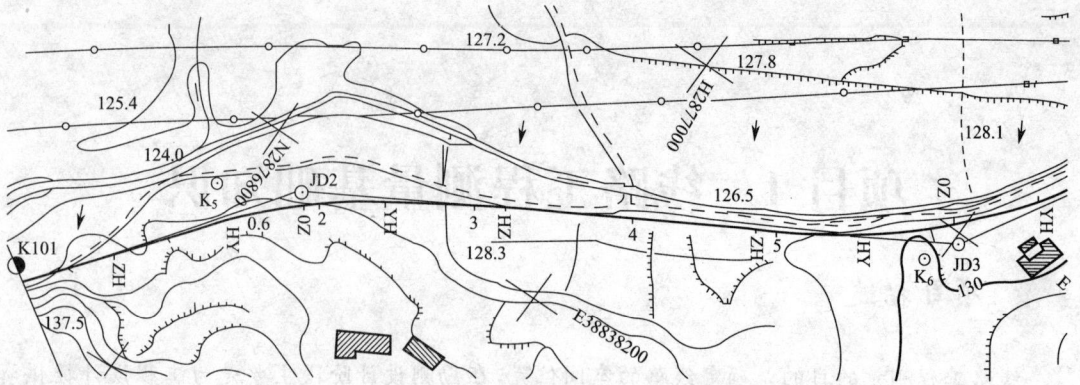

图 1.1　带状地形图与路线设计

1. 线路测量的基本过程

(1)规划选线阶段

规划选线阶段是线路工程的开始阶段,一般内容包括图上选线、实地勘察和方案论证。

1)图上选线

根据建设单位提出的工程建设基本思想,选用合适比例尺的地形图,在图上比较、选取线路方案。现实性好的地形图是规划选线的重要图件,可为线路工程初步设计提供地形信息,并依此测算出线路长度、桥梁和涵洞数量、隧道长度等项目,估算选线方案的建设投资费用等。

2)实地勘察

根据图上选线的多种方案,进行野外实地视察、踏勘、调查,进一步掌握线路沿途的实际情况,收集沿线的实际资料。特别应注意以下信息:有关的控制点;沿途的工程地质情况;规划线路所经过的建筑物及交叉位置;有关土、石建筑材料的来源。地形图的现实性往往跟不上经济建设的速度,实际地形与地形图之间可能存在差异,实地勘察获得的实际资料是图上选线的重要补充资料。

3)方案论证

根据图上选线和实地勘察的全部资料,结合建设单位的意见进行方案论证,经比较后确定规划线路方案。

(2)勘测阶段

线路工程的勘测通常分初测和定测两个阶段。

1)初测阶段

在确定的规划线路上进行勘测、设计工作。主要技术工作有:控制测量和带状地形图的测绘,为线路工程设计、施工和运营提供完整的控制基准及详细的地形信息。进行图上定线设计,在带状地形图上确定线路中线直线段及其交点位置,标明直线段连接曲线的有关参数。

2)定测阶段

定测阶段主要的技术工作内容是将定线设计的线路中线放样于实地;并进行纵、横断面测量,线路竖向设计等。

(3)施工放样阶段

根据施工设计图纸及有关资料,在实地放样线路工程的边桩、边坡及其他的有关点位,指导施工,保证线路工程建设顺利进行。

（4）工程竣工运营阶段

对竣工工程要进行竣工验收，测绘竣工平面图和断面图，为工程运营做准备。在运营阶段，还要监测工程的运营状况，评价工程的安全性。

2. 线路测量的基本特点

（1）全线性

测量工作贯穿于整个线路工程建设的各个阶段。以公路工程为例，测量工作开始于工程之初，深入于施工的具体点位，线路工程建设过程中时时处处离不开测量技术工作。

（2）阶段性

这种阶段性既是测量技术本身的特点，也是线路设计过程的需要。阶段性反映了实地勘察、平面设计、竖向设计与初测、定测、放样各阶段的对应关系，阶段性有测量工作应反复进行的含义。

（3）渐近性

线路工程从规划设计到施工、竣工经历了一个从粗到精的过程。线路工程的完美设计是逐步实现的。完美设计需要勘测与设计的完美结合，即设计技术人员懂测量，测量技术人员懂设计，在线路工程建设的过程中实现这种完美结合。

典型工作任务 1　线路中线测量

1.1.1　工作任务

通过线路中线测量知识的学习，主要能够承担以下工作任务：

1. 根据线路工程中不同类型曲线的设计数据，计算曲线测量所需的资料；

2. 根据各曲线的测设资料，选用合理的测设方法进行测量。

1.1.2　相关配套知识

线路工程因为受地形、地质、技术及经济等各种因素的限制，不能以一条直线延续，而是隔一定距离就要改变方向，在转向的地方需要用曲线将相邻的直线联接起来，如图 1.2 所示。

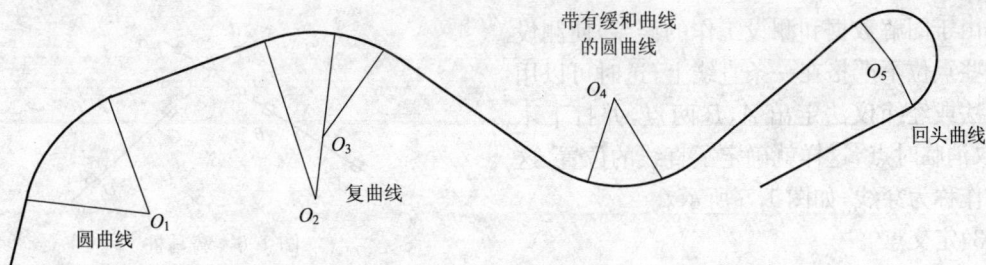

图 1.2　路线中线的组成

其中曲线按其连接线路的性质，主要分为三大类：平面曲线、竖曲线及立交曲线。平面曲线的基本线型有圆曲线、缓和曲线；在竖面内，当相邻两段坡度值的代数差超过一定值时，在变坡点处需用曲线连接，这种曲线称为竖曲线，竖曲线按其朝向可分为凸型、凹型竖曲线；另外，在城市立体交叉道路中，为了使线路在相对较小的范围内，由一个平面均匀过渡到另一个平面,必须用一定形式的曲线连接,这种曲线称为立交曲线。

线路中线测量是将线路设计中心线测设在实地上。在测量线路中线的位置时,首先应定出直线位置,然后再定出曲线位置。

1. 交点和转点的测设

(1)交点的测设

在勘测中,经过野外选点布线,路线构成了导线的形式,称为路线导线。

路线交点即为导线点。所谓交点即为路线的转折点,用 JD 表示。交点的位置可采用现场标定的方法,也可以把勘测时带状地形图上经过初步设计好的路线放到地面上去,然后再根据相邻两直线定出交点。具体步骤如下。

1)放点

常用的放点方法有极坐标法和支距法两种。

①极坐标法

如图 1.3 所示,P_1、P_2、P_3、P_4 为中线上四点,它们的位置可用附近的导线点 D_4、D_5 求出,以 D_4、D_5 为极点,分别由 β_1、L_1、β_2、L_2、β_3、L_3、β_4、L_4 来确定。在图上用量角器和比例尺量出具体数值绘出放线示意图。将经纬仪安置在 D_4 点,后视 D_3 点,并将水平盘读数设置为 $0°00'00''$,转动照准部使度盘读数为 β_1,得 P_1 点方向,沿此方向量取 L_1 得 P_1 点位置。同样根据上述方法定出 P_2 点。仪器搬至 D_5,定出 P_3、P_4 点。

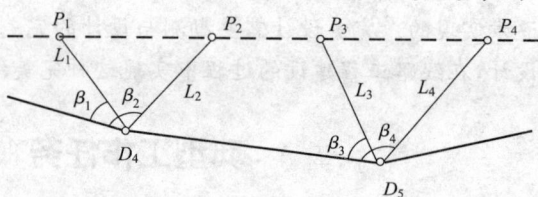

图 1.3　极坐标法测设交点

②支距法

从地形图上的初测导线点或转点,量取初测导线的垂线到线路中心线的距离。在现场找到各相应的初测导线点,根据图上量得的支距数,用皮尺和方向架在地面上定出中线上的 A、B、C、D、E、F,如图 1.4 所示。

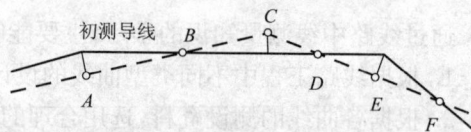

图 1.4　支距法测设交点

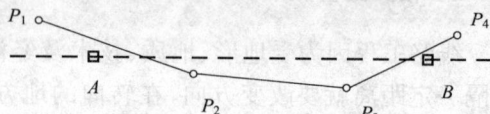

图 1.5　穿线法测设交点

2)穿线

由于图解数据和测设工作的误差,使测设的这些点位不严格在一条直线上,这时可以用目估法或经纬仪法定出 A、B 两点,并打下木桩,取消临时点,这样就确定了直线的位置,这项工作称为穿线,如图 1.5 所示。

3)定交点

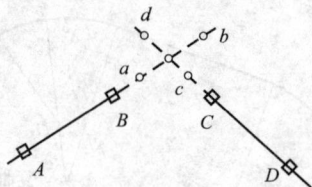

图 1.6　骑马桩

当两条相交的直线 AB、CD 在地面上确定后,即可进行交点(JD)的测设。如图 1.6 所示,将仪器置于 B 点,后视 A 点,延长直线 AB 至交点(JD)的概略位置前后打两个木桩 a、b(骑马桩),并钉上小钉标定点的中心位置。仪器移至 C 点,后视 D 点,延长直线 CD 与 ab 连线相交,得交点(JD),打下木桩,并钉上小钉标定点的中心位置。用经纬仪延长直线时应采用正倒镜分中法标定 a、b、c、d 点。

(2)测设转点

在两相邻交点互不通视或距离较远时,需要在两交点连线上设置转点(ZD)。也就是用来供放线、交点测角、量距时瞄准的点。直线上一般每隔 $200\sim300$ m 设一个转点,另外,在线路与其他道路交叉处以及线路上需设置桥、涵等构筑物处,也应设置转点。当两交点间距离较远但还能通视或已有转点需要加密时,可采用经纬仪直接定线或经纬仪正倒镜分中法测设转点。

当相邻两交点互不通视时,可采用下列方法测设转点:

1)两交点中间设转点

如图 1.7 所示,JD_1、JD_2 为相邻互不通视的两个交点,ZD' 为初定转点。检查 ZD' 是否在 JD_1 与 JD_2 连线上的方法是:在 ZD' 安置经纬仪,用正倒镜分中法延长直线 JD_1-ZD' 至 JD_2',设 JD_2' 与 JD_2 的偏差为 f,若 f 在容许范围之内,即可将 ZD' 作为转点,否则应调整 ZD'。

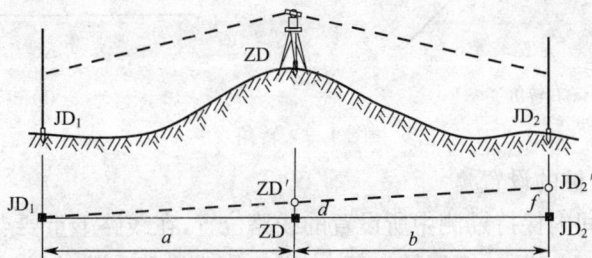

图 1.7　两交点间设转点

用视距法测定图中距离 a、b,则 ZD' 应横向移动的距离 d 的计算公式为:

$$d=\frac{a}{a+b}f \tag{1.1}$$

将 ZD' 移动距离 d 至 ZD,再将仪器移至 ZD,按上述方法逐渐趋近,直至符合要求为止。

2)延长线上设转点

如图 1.8 所示,JD_3、JD_4 为相邻而互不通视的两个交点,可在其延长线上初定转点 ZD'。在 ZD' 安置经纬仪,用正倒镜分中法确定直线 JD_3-ZD' 在 JD_4 处的点位 JD_4',JD_4' 与 JD_4 的偏差为 f,若 f 在容许范围之内,即可将 ZD' 作为转点,反之应调整 ZD'。

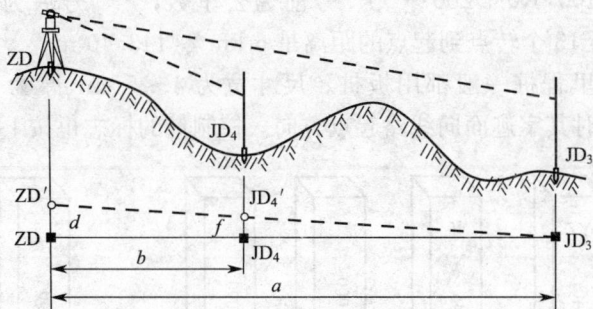

图 1.8　延长线上设转点

用视距法测定距离 a、b,则 ZD' 应横向移动的距离 d 的计算公式为:

$$d=\frac{a}{a-b}f \tag{1.2}$$

将 ZD' 移动 d 至 ZD,再将仪器移至 ZD,重复上述方法,直至偏差 f 符合要求为止。

2. 转角测定和里程桩的设置

(1)转角的测定

转角是线路由一个方向偏转到另一个方向时,偏转后的方向与原方向的水平夹角,用 α 表示。

交点测设工作完成后,将经纬仪安置交点上,用测回法观测 $\angle ABC$,作为线路的右角 $\beta_右$,然后根据右角算出转角 α。转角分左转角和右转角,它们分别用 $\alpha_左$ 和 $\alpha_右$ 表示,如图 1.9所示。

当 $\beta_右 < 180°$ 时,$\alpha_右 = 180° - \beta_右$;当 $\beta_右 > 180°$ 时,$\alpha_左 = \beta_右 - 180°$。

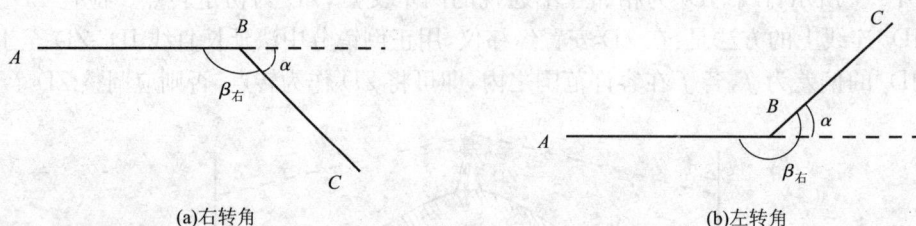

(a)右转角　　　　　　　　　(b)左转角

图 1.9　转角

(2)控制桩和里程桩的设置

为了能在较长时间内保持勘测中所设置的线路位置,在线路上重要点位要用木桩做标志,如线路的起点、终点、每个交点、直线转点等,由它们构成线路中线的骨干,控制整个线路的走向,这些桩称为控制桩。

控制桩要打方桩(桩顶边长 4～5 cm,桩长一般为 30～40 cm),桩顶与地面齐平,方桩上钉一小钉,以表示点的位置。为了便于寻找方桩,在线路前进方向的左侧(曲线地段在外侧),距方桩约 30 cm 处打一标志桩,桩上写明编号、里程及有关资料。标志桩的尺寸:宽为 8～10 cm,厚 2 cm,长 40～50 cm。

在线路方向上每隔 100 m 打一个木桩,该桩叫做百米桩,在百米桩之间地形变化处以及明显的重要地物点,铁路、公路、管线等交叉处,应设置加桩。百米桩、加桩都是中线桩,也叫里程桩。它是为了标志线路的位置和长度,同时也作为线路纵断面和横断面测量的依据。里程桩的注写方法是以公里和米为单位进行编号注记的。如线路的起点处写为 K0+000,以后各百米桩依次为 K0+100,K0+200…"+"号前为公里数,"+"号后为米数。又如 ZD13—DK6+143.40,表示第 13 个转点到起点的距离是 6 km 零 143.40 m。

如图 1.10 所示,里程桩一般都用板桩。尺寸宽为 4～5 cm,厚为 1.5～2 cm,长 30～35 cm。里程桩在注记时其字迹面向线路起点方向。控制桩的标志也按上述方法写明里程。

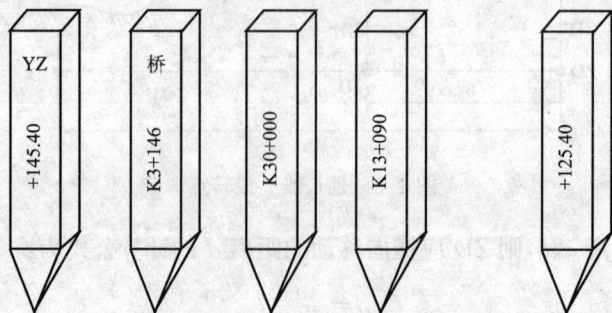

图 1.10　里程桩

里程桩又可分为整桩和加桩两种。整桩是按规定每隔 20、50 m 设置,桩号为整数的里程桩。百米桩和公里桩均属于整桩。

加桩有以下几种:

①地貌加桩:凡沿中线纵、横断面方向地形起伏突变处以及天然河沟处应加桩。

②地物加桩:中线与公路、铁路、小路交叉处,线路经过的县乡分界点,房屋、池塘、水渠、水坝、高压电杆、坟墓、重要经济林及占用耕地的起终点、拆迁建筑物等处均应加桩。

③人工结构物加桩:拟建桥梁、涵洞、挡土墙及其他人工结构物处要加桩。

④工程地质加桩:地质不良地段、土质变化及土石分界处要加桩。

⑤曲线加桩:在半径较小的曲线内,为了反映出曲线的形状,一般在 5～10 m 范围内加桩。

⑥断链桩:由于局部改线和里程计算中出现错误等原因,产生测设里程不连续的现象,即为断链。表示里程断续前后关系的桩称为断链桩,断链分为长链和短链。所谓长链即桩号出现重叠,如原 K2+140=现 K2+100 长 40 m;所谓短链即桩号出现间断,如原 K2+100=现 K2+140 短 40 m。

3. 圆曲线的测设

线路中线是由直线和曲线两部分组成的。在曲线的测设中,圆曲线是线路平面曲线的基本组成部分,且单交点单圆曲线是最常见最基本的曲线形式。圆曲线的测设工作一般分两步进行:首先测设曲线主点桩,然后进行曲线桩加密,完整地标定出圆曲线的位置,这项工作称为曲线的详细测设。

(1)圆曲线要素的计算

如图 1.11 所示,沿线路前进方向直线与圆曲线的分界点称为直圆点(ZY);圆曲线的中点,即圆心和交点连线与圆曲线的交点称为曲中点(QZ);沿线路前进方向圆曲线与直线的分界点称为圆直点(YZ)。

直圆点(ZY)、曲中点(QZ)、圆直点(YZ)称为单圆曲线的主点。

单圆曲线的基本要素包括:转角 α、曲线长 L、切线长 T、外矢距 E_0、切曲差 q、曲线半径 R,如图 1.11 所示。

上述要素中 α 是事先直接测出的,半径 R 是在设计时根据地形条件选定的。因此,要素计算主要是计算 T、L、E_0、q。如图 1.11 所示,根据几何关系,可以得到计算公式(1.3)。

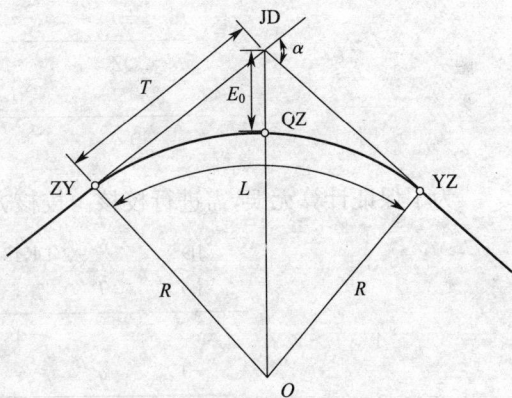

图 1.11　圆曲线及其主点和要素

$$
\left.
\begin{aligned}
&\text{切线长:} T = R \cdot \tan\frac{\alpha}{2} \\[2mm]
&\text{曲线长:} L = \frac{\pi}{180} \cdot R \cdot \alpha \\[2mm]
&\text{外矢距:} E_0 = R\left(\sec\frac{\alpha}{2}-1\right) = R\left[\frac{1}{\cos\dfrac{\alpha}{2}}-1\right] \\[2mm]
&\text{切曲差:} q = 2T - L
\end{aligned}
\right\}
\tag{1.3}
$$

在实际工作中为了方便,基本要素的数据可直接在相关的工程曲线表中查得。该表是用上述公式按 $R=100$ m 时,以不同转角 α 计算的曲线元素值。查用时将被查曲线半径除以100,然后以商值乘以表值,即为所求的曲线元素值。

(2)圆曲线主点的测设

1)主点里程桩号的计算

单圆曲线有三个主点,即曲线起点(ZY)、曲线中点(QZ)和曲线终点(YZ),根据交点 JD的里程即可算出各主点的里程,其计算公式如下:

$$ZY 桩号 = JD 桩号 - T$$
$$QZ 桩号 = ZY 桩号 + L/2$$
$$YZ 桩号 = QZ 桩号 + L/2 = ZY 桩号 + L$$
$$YZ 桩号 = JD 桩号 + T - q(校核)$$

在计算里程时应注意:曲线终点里程必须沿着曲线计算,不能沿切线计算。只有把终点里程算出后,才能接着算下一段直线上的里程。

【例 1.1】 已知:JD 点的里程为 DK48+028.05,$\alpha=55°43'24''$,$R=500$ m,求圆曲线要素 T、L、E_0、q,并进行主点里程计算。

解:①计算圆曲线主点要素

根据公式(1.3)可得:$T=264.31$ m;$L=486.28$ m;$E_0=65.56$ m;$q=42.34$ m。

②里程计算

JD		DK48+028.05
一)	T	264.31
ZY		47+763.74
+)	$L/2$	243.14
QZ		DK48+006.88
+)	$L/2$	243.14
YZ		DK48+250.02

为了保证计算无误,需进行校核。校核方法为:YZ=JD+T−q

JD		DK48+028.05
+)	T	264.31
		48+292.36
一)	q	42.34
YZ		DK48+250.02(校核结果计算无误)

上列数据在新线测量中有效数字取小数点后两位,即到 cm,在旧线测量中精确到 mm。

2)主点的测设

①将经纬仪安置在交点(JD),后视直线上的转点(ZD),固定水平制动螺旋,沿视线方向进行定线,并用钢尺量出切线长。例如上例中切线长 T 为 264.31 m,往测时可用钢尺量取切线长的整数值 263 m,在该处插测钎,然后从此处返测这段直线长度,量得结果为 263.02 m,则该段直线的平均值为 263.01 m,最后从这个插测钎的地方再延长 1.30 m,此时在视线上打桩钉小钉即可,该点就是曲线起点(ZY 点)。注意往测所取整数值,可根据地势及切线长小数点前一位数的数字多少而定,但最好使测钎至木桩的距离在 2 m 以内。

②用望远镜瞄准另一切线上的转点,固定水平制动螺旋,按步骤 1 定出曲线终点(YZ 点)。

③把望远镜从切线方向转$(180°-\alpha)/2$的角度值,定出方向线(分角线),从交点沿分角线方向量出外矢距 E_0 的长度,即得曲线中点(QZ)的位置。曲中点的设置应该用正倒镜分中的方法进行。

在主点的测设中,用钢尺丈量的相对误差应小于 1/2 000,各主点的木桩顶面上均应钉小钉,表示点的位置。

(3)圆曲线的详细测设

线路曲线上主点定出后,即可进行曲线的详细测设。详细测设就是在曲线上每隔 20 m 或 10 m 设置一点,因为只有主点,并不能满足施工的需要,所以必须按照施工的要求,把曲线的位置测设出来。圆曲线的测设方法很多,下面介绍两种常用的方法。

1)偏角法

偏角法测设圆曲线是以曲线起点 ZY 或终点 YZ 作为测站,计算出测站至曲线上任一细部点 N_i 的弦线与切线的夹角 γ_i(弦切角,也称偏角)和弦长 b_i,以此确定 N_i 点的位置,如图 1.12 所示。

曲线上的细部点是指曲线上的里程桩,一般按曲线半径 R 规定弧长为 l_0 的整桩。l_0 的取值范围为:$R>60$ m 时为 20 m,30 m$<R<$ 60 m 时为 10 m,$R<30$ m 时为 5 m。

①测设数据计算

设 N_1 为曲线上的第一个整桩,它与曲线起点(ZY)间弧长为 l_1($l_1<l_0$),之后 N_1 和 N_2、N_2 和 N_3…之间的弧长都为 l_0。

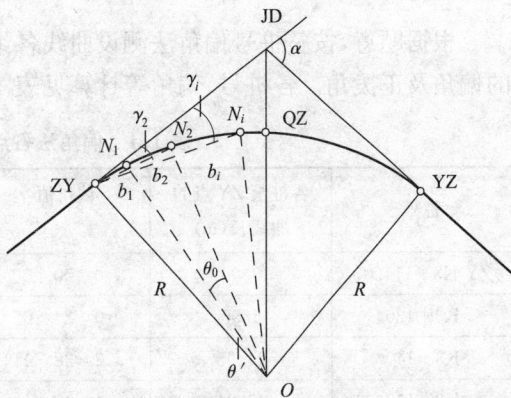

图 1.12　偏角法测设圆曲线

设曲线上 N_i 点对应的圆心角为 θ_i,偏角为 γ_i,ZY 点与 N_i 点连线(即弦长)为 b_i,则根据几何关系可得:

$$\left.\begin{aligned}\gamma_i&=\frac{\theta_i}{2}=\frac{l_i}{R}\cdot\frac{90°}{\pi}\\b_i&=2R\sin\frac{\theta_i}{2}=2R\sin\gamma_i\end{aligned}\right\}\tag{1.4}$$

以切线方向为基准,顺时针拨角为正拨,逆时针拨角为反拨。

【例 1.2】　某线路曲线交点的里程为 K3+182.76,转角 $\alpha_右=25°48'00''$,圆曲线半径 $R=$ 300 m。求用偏角法测设曲线的测设数据。

解:①计算圆曲线要素

$$T=300\times\tan\frac{25°48'00''}{2}=68.71(\text{m})$$

$$L=\frac{\pi}{180}\times300\times25°48'00''=135.09(\text{m})$$

$$E_0=300\times\left(\sec\frac{25°48'00''}{2}-1\right)=7.77(\text{m})$$

$$q=2\times68.71-135.09=2.33(\text{m})$$

②计算主点里程

$$
\begin{array}{llr}
\text{JD} & & \text{DK3}+182.76 \\
-) & T & 68.71 \\
\hline
\text{ZY} & & \text{DK3}+114.05 \\
+) & L/2 & 67.545 \\
\hline
\text{QZ} & & \text{DK3}+181.595 \\
+) & L/2 & 67.545 \\
\hline
\text{YZ} & & \text{DK3}+249.14
\end{array}
$$

校核：

$$
\begin{array}{lr}
\text{JD} & \text{DK3}+182.76 \\
+)T & 68.71 \\
\hline
& \text{DK3}+249.14 \\
-)q & 2.33 \\
\hline
\text{YZ} & \text{DK3}+249.14（校核结果计算无误）
\end{array}
$$

根据题意，按整桩号偏角法测设曲线各细部点（$l_0 = 20$ m），列出各桩号，并计算出相应点的偏角及正拨角。各桩号、偏角等计算见表 1.1。

表 1.1　偏角法各点桩号及偏角的计算数据

桩号	各桩至 ZY 点的曲线长（m）	偏角值 γ （°　′　″）	正拨水平角值 （°　′　″）	相邻桩间弧长（m）	曲线点与置镜点间弦长（m）
ZY K3+114.05	0.00	0　00　00	0　00　00	0.00	0.00
K3+120	5.95	0　34　05	0　34　05	5.95	5.95
K3+140	24.95	2　28　41	2　28　41	20.00	25.94
K3+160	45.95	4　23　16	4　23　16	20.00	45.90
K3+180	65.95	6　17　52	6　17　52	20.00	65.82
QZ K3+181.06	67.55	6　27　00	6　27　00	1.60	67.40
			355　33　00	18.40	67.40
K3+200	49.14	4　41　33	355　18　27	20.00	49.08
K3+220	29.14	2　46　58	357　13　02	20.00	29.13
K3+240	9.14	0　52　22	359　07　38	9.14	9.14
YZ K3+249.14	0.00	0　00　00	0　00　00	0.00	0.00

②测设方法

a. 将全站仪安置在曲线起点（ZY）上，照准交点 JD，将水平度盘读数置为 0°00′00″；

b. 顺时针转动照准部，使水平度盘读数为 0°34′05″，沿视线方向量出 $b_1 = 5.95$ m，定出 N_1 点；

c. 再转动照准部，使水平度盘读数为 2°28′41″，沿视线方向量出 $b_2 = 25.95$ m，定出 N_2 点，同法，测设出 N_2、N_3、…直至 YZ 点；

d. 作为校核，测设出的曲线终点 YZ 应与测设曲线主点时所定 YZ 点相符合。

特点：偏角法的适用性很强，除了在 ZY、YZ 点测设外，还可在 QZ 点或曲线上任意点安置测站拨角。其工作要点是利用主点或已测设的细部点，找到置镜点的切线方向。但偏角法的测设点位有误差累积,一定要进行点位校核和修正。

2)切线支距法

①测设原理

切线支距法就是用直角坐标法测设点位。

如图 1.13 所示,以曲线起点(ZY 点)或曲线终点(YZ 点)为坐标原点,切线为直角坐标系的 x 轴,切线的垂线为直角坐标系的 y 轴,建立直角坐标系,根据曲线点的直角坐标(x,y)测设曲线点。

x、y 由下式计算:

$$\left.\begin{aligned} \alpha_i &= \frac{L_i}{R} \cdot \frac{180°}{\pi} \\ x_i &= R\sin\alpha \\ y_i &= R(1-\cos\alpha_i) \end{aligned}\right\} \quad (1.5)$$

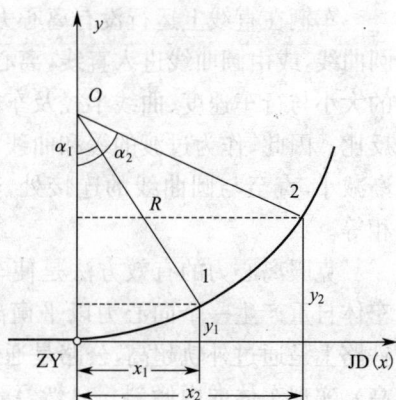

式中 R——圆曲线半径;

L_i——曲线点 i 至 ZY(或 YZ)的曲线长,一般定为 10、20、30 m…即每 10 m 一桩。

根据 R 及 L_i 值,即可计算相应的 x_i,y_i,见表 1.2。

图 1.13 切线支距法原理

表 1.2 圆曲线切线支距表

L	$R=700$		$R=600$		$R=500$	
	$L-x$	y	$L-x$	y	$L-x$	y
10	0.00	0.07	0.00	0.08	0.00	0.10
20	0.00	0.29	0.00	0.33	0.01	0.40
30	0.01	0.64	0.01	0.75	0.02	0.90
40	0.02	1.14	0.03	1.33	0.04	1.60
50	0.04	1.79	0.06	2.08	0.08	2.50

②测设方法

a. 将经纬仪置于起点(ZY),瞄准 JD,沿切线上每 10 m 量一点,然后于 10 m 处回量 $L-x_1$ 即 $10-x_1$,得一点,如图 1.14 所示。

b. 在此点上向切线垂直方向量 y_1,即定出圆曲线上 1 点。

c. 自切线 20 m 处回量 $L-x_2$ 即 $20-x_2$,得另一点,在此点上,向切线垂直方向量 y_2,即定出圆曲线上 2 点。

d. 同法,可定出圆曲线上其余各点,直到曲中点(QZ)。

特点:切线支距法的优点是积累误差小,当 y 值较小时,y 轴方向可用方向架测设;只有在 y 值较大时,根据需要,才用经纬仪拨直角测设 y 轴方向距离。

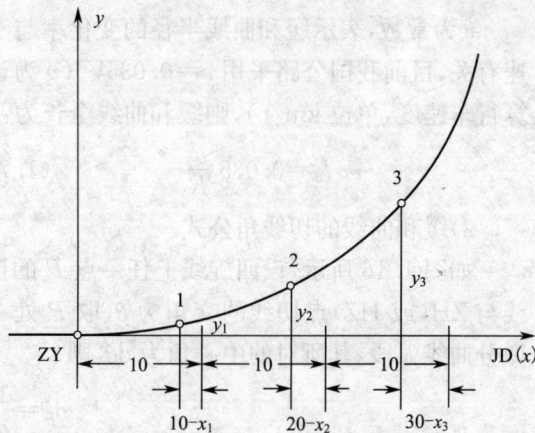

图 1.14 切线支距法测设圆曲线

4. 缓和曲线

车辆由直线驶入圆曲线或由圆曲线驶入直线时,其运行状态发生改变,为保证车辆平顺而安全地运行,通常在直线与圆曲线之间加一段过渡曲线,称为缓和曲线。

车辆在直线上运行没有离心力,而在圆曲线上作圆周运动时会产生离心力。由直线进入圆曲线,或由圆曲线进入直线,离心力的变化应该有一个渐变过程。由运动力学可知,离心力的大小与行车速度、曲线半径及车重等因素有关。就曲线半径而言,离心力大小与曲线半径成反比。因此,作为过渡的缓和曲线与直线连接处的半径应为∞,然后随着缓和曲线的增长而逐渐减小,直至与圆曲线的连接处,其半径与圆曲线的半径相等。

克服离心力的有效方法是使车体向曲线内侧倾斜,靠车体自重产生一个向心力以平衡离心力,如图 1.15 所示。铁路上是通过外轨超高,公路是通过路面横坡(即平曲线超高),实现车体向内倾斜。显然,缓和曲线与直线连接处的超高为 0,然后随着缓和曲线的增长而逐渐增大,在与圆曲线的连接处,其超高达到最大,等于车辆在圆曲线上运行时用来平衡离心力的超高值。

图 1.15　超高示意图

为使车辆顺利通过曲线,铁路线路内轨(公路路面内侧)需加宽。由直线的正常值到圆曲线加宽值也应在缓和曲线上逐渐过渡。

综上所述,缓和曲线主要作用是:运行状态过渡、超高过渡和加宽过渡。

(1)缓和曲线的主要公式

1)缓和曲线的基本公式

如图 1.16 所示,缓和曲线上任一点的曲率半径 ρ 与曲线的长度 l 成反比,即

$$\rho = \frac{c}{l} \tag{1.6}$$

式中　c——曲线半径变更率。

当缓和曲线与圆曲线连接时,$\rho = R$,此时的曲线长度为缓和曲线全长 l_0,即 $l = l_0$,将其代入式(1.6)中得 $c = Rl_0$。

c 为常数,表示缓和曲线半径的变化率与车速有关,目前我国公路采用 $c = 0.035V^3$(v 为计算行车速度,单位 km/h),则缓和曲线全长为:

$$l_0 = 0.035 \frac{v^2}{R} \tag{1.7}$$

2)缓和曲线的切线角公式

如图 1.16 所示,设回旋线上任一点 P 的切线与 ZH(或 HZ)点切线的交角为 β,取 P 处一微分曲线弧段,其所对的中心角为 $d\beta$,则

图 1.16　缓和曲线

$$d\beta = \frac{dl}{\rho} = \frac{l}{c} dl \tag{1.8}$$

对上式积分得

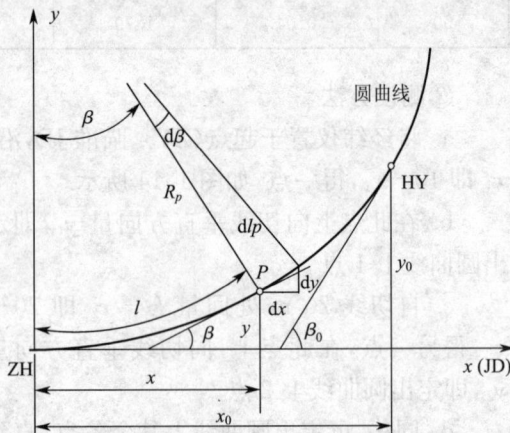

$$\beta = \frac{l^2}{2c} = \frac{l^2}{2Rl_0} \tag{1.9}$$

当 $l = l_0$ 时，整条缓和曲线的切线角(亦称缓和曲线角) β_0 为：

$$\beta_0 = \frac{l_0}{2R}(弧度) = \frac{l_0}{2R} \cdot \frac{180°}{\pi}(度) \tag{1.10}$$

由于 l_0 远小于 R， β 和 β_0 均是小角，所以，可认为 $\sin\beta = \tan\beta = \beta$，并可将 $\sin\beta$、$\cos\beta$、$\tan\beta$ 等在 $\beta = 0$ 处按级数形式展开，这在以后推导公式时常用。

(2)缓和曲线的参数方程

以缓和曲线的起点为原点，过该点的切线方向为 x 轴，曲率半径方向为 y 轴，建立直角坐标系。回旋线上任一点 P 的坐标为 (x, y)，则微分曲线弧段 dl 在坐标轴方向上的投影分量 dx、dy 为：

$$\left. \begin{aligned} dx &= dl \cdot \cos\beta = \left(1 - \frac{\beta^2}{2!} + \frac{\beta^4}{4!} - L\right)dl \\ dy &= dl \cdot \sin\beta = \left(\beta - \frac{\beta^3}{3!} + \frac{\beta^5}{5!} - L\right)dl \end{aligned} \right\} \tag{1.11}$$

将上式积分，并略去高次项得：

$$\left. \begin{aligned} x &= l - \frac{l^5}{40R^2 l_0^2} \\ y &= \frac{l^3}{6Rl_0} \end{aligned} \right\} \tag{1.12}$$

上式即为缓和曲线的参数方程。当 $l = l_0$ 时，缓和曲线终点的坐标为：

$$\left. \begin{aligned} x_0 &= l_0 - \frac{l_0^3}{40R^2} \\ y_0 &= \frac{l_0^2}{6R} \end{aligned} \right\} \tag{1.13}$$

(3)带有缓和曲线的圆曲线测设

缓和曲线插入直线与圆曲线之间的方法很多，我国铁路和公路系统采用的方法是：圆曲线的半径不变，圆心向曲线内侧移动一定的距离后将缓和曲线插入。

如图 1.17 所示，圆心 O_1 向曲线内侧移动至 O 点，使圆曲线在垂直于切线方向上移动的距离为 p，该值称为圆曲线的移动量。增设缓和曲线后，圆曲线两端各被 l_0 长的缓和曲线所代替，故其所对的圆心角恰等于 β_0。因此，缓和曲线约有一半在原圆曲线范围内，剩余部分则在原直线范围内。

$$\left. \begin{aligned} p &= y_0 - R(1 - \cos\beta_0) = y_0 - R\left(\frac{\beta_0^2}{2!} - \frac{\beta_0^4}{4!} + L\right) \\ m &= x_0 - R\sin\beta_0 = x_0 - R\left(\beta_0 - \frac{\beta_0^3}{3!} + \frac{\beta_0^5}{5!} - L\right) \end{aligned} \right\} \tag{1.14}$$

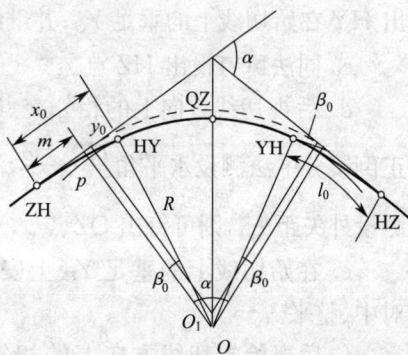

图 1.17　加缓和曲线后曲线变化示意图

将 $\beta_0 = \frac{l_0}{2R}$(弧度) $= \frac{l_0}{2R} \cdot \frac{180°}{\pi}$(度)代入上式中，并略去高次项，得

$$p=\frac{l_0^2}{24R}$$
$$m=\frac{l_0}{2}-\frac{l_0^3}{240R^2}\cdot \Bigg\} \qquad (1.15)$$

1)曲线元素及计算

带有缓和曲线的圆曲线,仍有切线长 T、曲线长 L、外矢距 E_0、切曲差 q 这四个曲线元素,它们均可由曲线转角 α、圆曲线半径 R 及缓和曲线长 l_0 求得,即

$$T=(R+p)\tan\frac{\alpha}{2}+m$$
$$L=R(\alpha-2\beta_0)\cdot\frac{\pi}{180}+2l_0 \qquad (1.16)$$
$$E_0=(R+p)\sec\frac{\alpha}{2}-R$$
$$q=2T-L$$

2)曲线主点及测设

①曲线主点及其里程计算

如图 1.18 所示,带有缓和曲线的圆曲线有 5 个主点,即直缓点(ZH)、缓圆点(HY)、曲中点(QZ)、圆缓点(YH)及缓直点(HZ),各主点的里程依据 JD 点的里程和曲线元素计算,即

$$ZH=JD-T$$
$$HY=ZH+l_0$$
$$YH=HY+(L-2l_0)$$
$$HZ=YH+l_0$$
$$QZ=HZ-L/2。$$
$$HZ=JD+T-q(校核)$$

②曲线主点测设

a. 在 JD 上安置经纬仪,对中、整平。

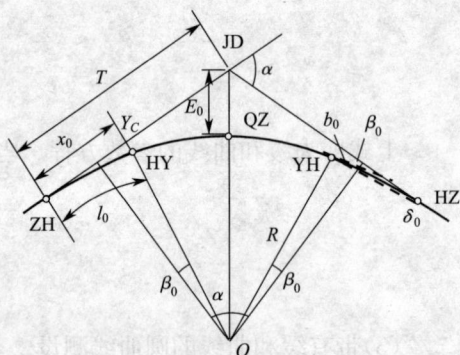

图 1.18　加缓和曲线后示意图

b. 后视始端切线方向上的相邻交点或转点,从 JD 沿此视线方向上测设 $(T-x_0)$,可钉设出 HY 在始切线上的垂足 Y_C;并继续向里程减少方向测设 x_0,则可钉设出 ZH 点。

c. 同法可钉设出 HZ 点。

d. 后视切线方向上的相邻交点或转点,用正倒镜分中法测设水平角 $\dfrac{180°-\alpha}{2}$,沿切线方向测设外矢距 E_0,则可钉出 QZ 点。

e. 在始切线上的垂足 Y_C 上安置经纬仪,对中、整平。

f. 后视始端切线方向上的相邻交点或转点,向曲线内侧测设出切线的垂线方向,从 Y_C 点沿该视线方向测设 y_0,可钉设出 HY 点。

g. 同法可测设出 YH 点。

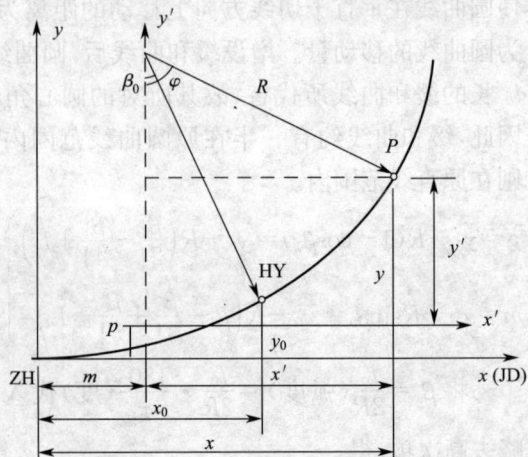

3)曲线的详细测设

图 1.19　切线支距法测设曲线

①切线支距法

如图 1.19 所示,以 ZH(或 HZ)点为坐标原点,切线方向为 x 轴,曲率半径方向为 y 轴,建立直角坐标系。在此坐标系中,缓和曲线上任一点的坐标为

$$\left.\begin{aligned} x &= l - \frac{l^5}{40R^2 l_0^2} \\ y &= \frac{l^3}{6R l_0} \end{aligned}\right\} \tag{1.17}$$

圆曲线上任意一点 P 的坐标为

$$\left.\begin{aligned} x_i &= R\sin\varphi_i + m \\ y_i &= R(1 - \cos\varphi_i) + p \end{aligned}\right\} \tag{1.18}$$

式中,$\varphi_i = \dfrac{l_i - l_0}{R} \cdot \dfrac{180°}{\pi} + \beta_0$,$l_i$ 为 P 点至 ZH(或 HZ)点的曲线长。

根据计算出的曲线上的各点的坐标,即可按前面的圆曲线切线支距法测设出曲线上的各细部点。对于圆曲线部分,还可以通过确定 HY(或 YH)点的切线方向,再用切线支距法测设。如何确定这一切线方向,将在偏角法中进行讲解。

②偏角法

用偏角法测设曲线时,通常是在 ZH(或 HZ)点置站测设缓和曲线段,在 HY(或 YH)点置站测设圆曲线段。

a. 缓和曲线的测设

如图 1.20 所示,缓和曲线上任一点 P 的偏角 δ 为:

$$\tan\delta = \frac{y}{x} \approx \frac{l^2}{6R l_0}$$

由于 δ 角很小,所以 $\delta = \tan\delta$。结合缓和曲线上任一点切线角 β 的计算公式得:

$$\delta = \frac{l^2}{6R l_0} = \frac{1}{3}\beta \tag{1.19}$$

HY(或 YH)点的偏角 δ_0 为

$$\delta_0 = \frac{l_0}{6R} = \frac{1}{3}\beta_0$$

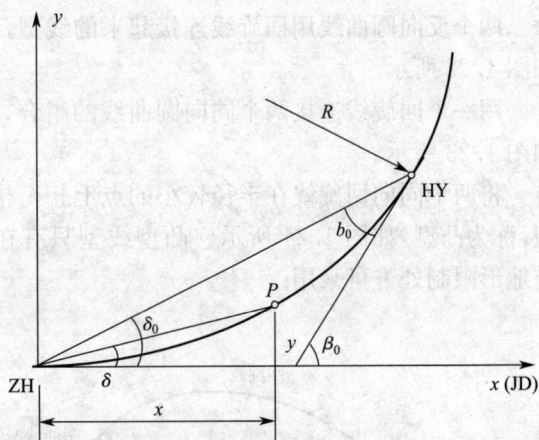

图 1.20　缓和曲线偏角计算原理

有了缓和曲线上放样各点的偏角及规定的点间距 l_0,即可按前面的圆曲线偏角法测设各细部点。

b. 圆曲线的测设

在 HY(或 YH)点置站测设圆曲线各细部点,其工作步骤与前面的圆曲线偏角法相同,但需要利用 ZH(或 HZ)点来确定 HY(或 YH)点的切线方向。如图 1.20 所示,水平角 b_0 为:

$$b_0 = \beta_0 - \delta_0 = 3\delta_0 - \delta_0 = 2\delta_0$$

将经纬仪安置在 HY(或 YH)点,盘右照准 ZH(或 HZ),度盘读数置为:线路左转时为 b_0(或 $360° - b_0$),右转时为 $360° - b_0$(或 b_0);倒镜,转动照准部,使水平度盘读数为 $0°00''00'$,此时的视线方向即为 HY(或 HY)的切线方向。

5. 其他种类曲线

由于地形条件纷繁复杂,线路要克服各种地形障碍以满足行车要求。因而除基本形状外,

有时会形成其他种类的形状。

　　铁路线路常见的有：当转向角超过 180°时，如图 1.21(a)所示，称此种曲线为回头曲线或套线；当转向角超过 360°时，如图 1.21(b)所示，称此种曲线为螺旋线；用两段或更多段同向不同半径圆弧组成的一个曲线，如图 1.21(c)所示，称为复曲线；两条方向不同的曲线首尾相接而组成的一条曲线，如图 1.21(d)所示，称为反向曲线。

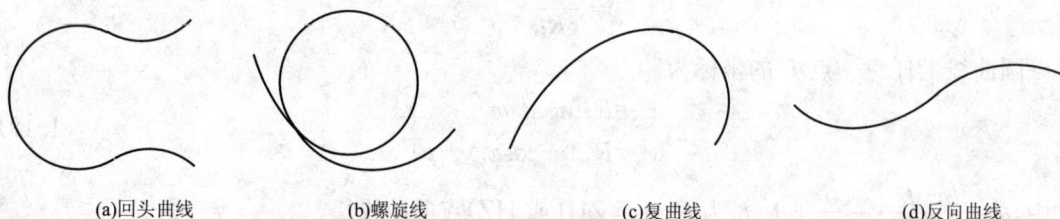

(a)回头曲线　　　　　　(b)螺旋线　　　　　　(c)复曲线　　　　　　(d)反向曲线

图 1.21　其他类型曲线

　　公路线形设计要求：两同向曲线间应设有足够长度的直线，不得以短直线相连，否则应调整线形使之成为一个单曲线或复曲线或运用回旋线组合成卵形、凸形、复合形等曲线；两反向曲线间应设置不小于一定长度的夹直线，否则应调整线形，或运用回旋线（即缓和曲线）组合成 S 形曲线。以下是常见的几种组合形式：

　　两个反向圆曲线用回旋线连接起来的线型，称为 S 形，如图 1.22 所示。

　　用一个回旋线连接两个同向圆曲线的组合，称为卵型，如图 1.23 所示。

　　将两个同向回旋线在半径较小的点上相衔接而成的线型，称为凸型，如图 1.24 所示。凸型线型只有在路线严格受地形限制处方可采用。

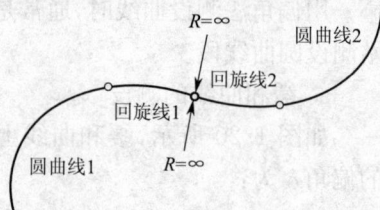

图 1.22　S 型曲线

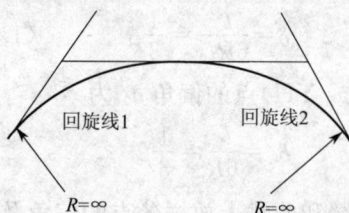

图 1.23　卵型曲线　　　　　　图 1.24　凸型曲线

　　(1)将两个以上的同向回旋线在曲率相等处相互连接而成的线型，称为复合型，如图 1.25 所示。复合型线型仅在受地形或其他因素限制处使用。

　　复曲线构成的方法有很多，常见的主要有：由两个圆曲线直接连接而成、两端有缓和曲线中间由两个圆曲线直接连接而成、两端有缓和曲线中间也用缓和曲线连接而成等形式。现分述如下：

　　1)由两个圆曲线直接连接而成的复曲线

　　如图 1.26 所示，连接圆心 O_1、O_2 与曲线交于

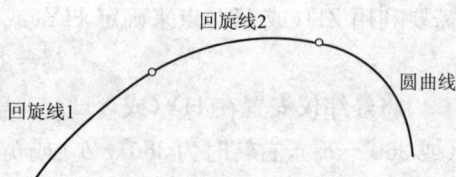

图 1.25　复合型复曲线

Y_1Y_2，过该点的切线交始、末端切线于 A、B，则 $T_1' = T_1 + d_{AC}$，$T_2' = T_2 + d_{BC}$。

$$\left.\begin{array}{l} T_1 = R_1 \tan\dfrac{\alpha_1}{2} \\[2mm] T_2 = R_2 \tan\dfrac{\alpha_2}{2} \\[2mm] d_{AB} = T_1 + T_2 \\[2mm] d_{AC} = \dfrac{\sin\alpha_2}{\sin\alpha} d_{AB} \\[2mm] d_{BC} = \dfrac{\sin\alpha_1}{\sin\alpha} d_{AB} \end{array}\right\} \qquad (1.20)$$

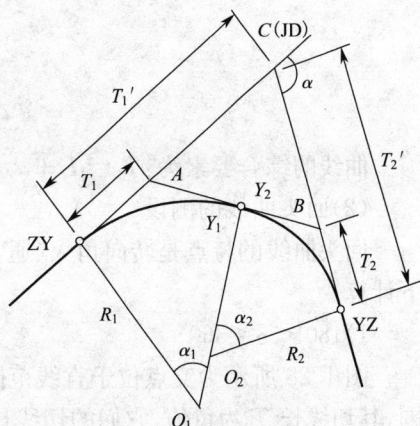

图 1.26　由圆曲线构成的复曲线

式中　α——转向角，且 $\alpha = \alpha_1 + \alpha_2$。

2)两端有缓和曲线中间由两个圆曲线直接连接而成的复曲线

如图 1.27 所示，连接圆心 O_1、O_2 与曲线交于 D 点，过该点的切线交始、末端切线于 A、B，且 $\alpha = \alpha_1 + \alpha_2$。

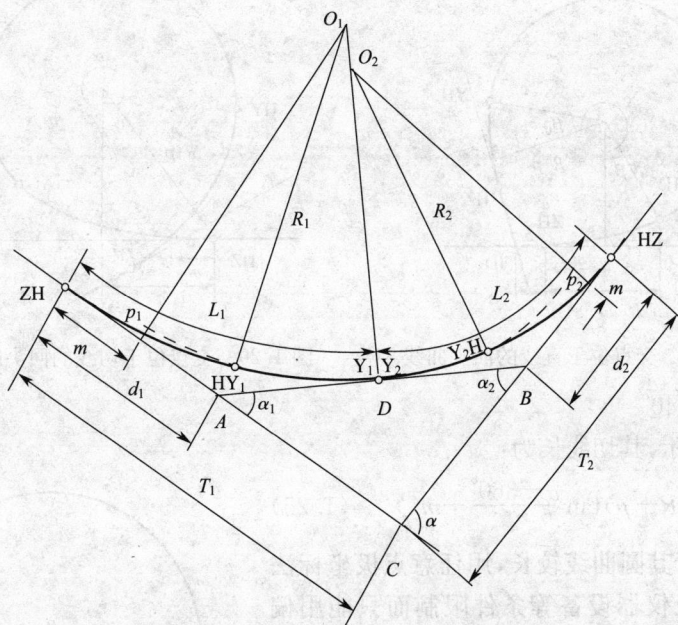

图 1.27　两端缓和曲线中间由圆曲线构成的复曲线

辅助计算：

$$\left.\begin{array}{l} d_1 = (R_1 + p_1)\tan\dfrac{\alpha_1}{2} - \dfrac{p_1}{\sin\alpha_1} + m_1 \\[3mm] d_2 = (R_2 + p_2)\tan\dfrac{\alpha_2}{2} - \dfrac{p_2}{\sin\alpha_2} + m_2 \end{array}\right\} \qquad (1.21)$$

$$\left.\begin{array}{l} d_{AD} = (R_1 + p_1)\tan\dfrac{\alpha_1}{2} + p_1\cot\alpha_1 \\[3mm] d_{DB} = (R_2 + p_2)\tan\dfrac{\alpha_2}{2} + p_2\cot\alpha_2 \end{array}\right\} \qquad (1.22)$$

$$d_{AC} = \frac{d_{AD} + d_{DB}}{\sin\alpha}\sin\alpha_2$$

$$d_{BC} = \frac{d_{AD} + d_{DB}}{\sin\alpha}\sin\alpha_1$$

$$(1.23)$$

曲线的综合要素为：$T_1 = d_1 + d_{AC}$、$T_2 = d_2 + d_{BC}$、$L_1 = \alpha_1 R_1 + l_{01}/2$，$L_2 = \alpha_2 R_2 + l_{02}/2$。

（2）回头曲线的测设

回头曲线的特点是转向角大（通常超过180°），圆曲线较长，交点位于曲线内侧，其要素如下计算。

1）180°＜α＜360°

图1.28所示为交点位于直线范围，其切线长 T 为正值，图1.29所示为交点位于切线范围，其切线长 T 为负值，它们的切线长均按下式计算：

$$T = (R+p)\tan\frac{360° - \alpha}{2} - m \qquad (1.24)$$

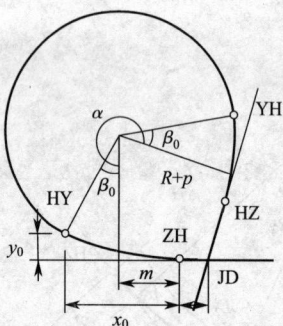

图1.28　交点位于直线的回头曲线　　　图1.29　交点位于切线的回头曲线

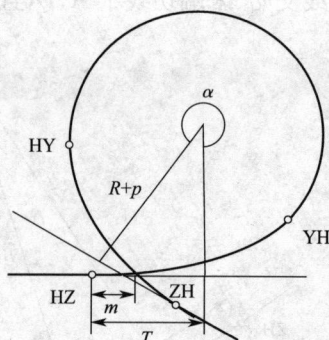

2）360°＜α＜540°

如图1.30所示，其切线长为：

$$T = (R+p)\tan\frac{\alpha - 360°}{2} + m \qquad (1.25)$$

回头曲线由于其圆曲线较长，用任意点极坐标法测设为好。如果受仪器设备等条件限制而只能用偏角法测设曲线时，应将圆曲线分成若干段，以便分段测设分段闭合。选定的分段点位置要适当，以不低于主点测设的精度，用极坐标法将其设出。

6. 竖曲线

如图1.31所示，线路在竖向坡度变化的点，称为变坡点。对于线路前进方向而言，设变坡点前侧的坡度为 i_2，后侧的坡度为 i_1，则变坡点处的坡度代数差 $\Delta i = i_2 - i_1$。当 Δi 超过规定的限差时，应设置竖曲线予以连接。变坡点在竖曲线上方的，称为凸形竖曲线；在下方的，称为凹形竖曲线。竖曲线连接形式主要有圆曲线形和抛物线形两种，我国公路、铁路上多采用圆曲线形竖曲线。

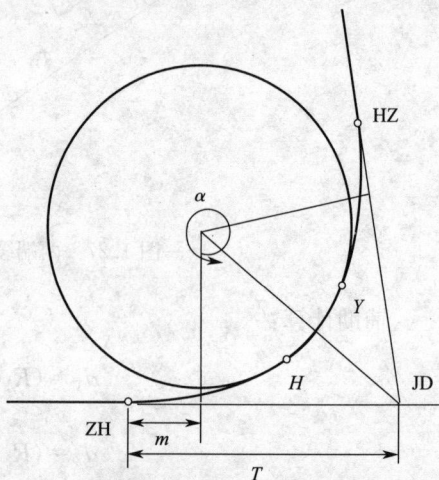

图1.30　转向角大于360°的回头曲线

(1)竖曲线元素及计算

在高等级的公路中,竖向坡度 i 值一般较小,竖向圆曲线的半径 R 较大,所以,可认为竖曲线的转向角 $\alpha = \Delta i$。如图 1.31 所示,根据设计的 R 和 α,可计算竖向圆曲线的元素(切线长 T、竖曲线长 L、外矢距 E),即

$$\left. \begin{aligned} T &= R\tan\frac{\alpha}{2} = R \cdot \frac{\alpha}{2} = \frac{R}{2} \cdot \Delta i \\ L &= R \cdot \alpha = R \cdot \Delta i \approx 2T \\ E &= \frac{T^2}{2R} \end{aligned} \right\} \quad (1.26)$$

以竖曲线起点(或终点)为坐标原点、切线方向为 x 轴、半径方向为 y 轴,建立直角坐标系。由于转角 α 很小,故可认为 y 轴方向与曲线上每一点的竖直方向一致,即认为曲线上各点的 y 坐标是切线与曲线的高差。对于曲线上任一点 $P(x,y)$ 有

图 1.31 圆形竖曲线

$$(R+y)^2 = R^2 + x^2, \quad 2Ry = x^2 - y^2$$

由于 y^2 远小于 x^2,所以

$$y = \frac{x^2}{2R} \tag{1.27}$$

根据坡度线(竖曲线切线)上点的 x 值,可求得该点至竖曲线上对应点的高差值 y;再根据竖曲线起、终点的高程和设计坡度,即可求得竖曲线上相应点的高程。当 $x=T$ 时,y 值达到最大,即为外矢距 E,亦即

$$E = y_{\max} = \frac{T^2}{2R} \tag{1.28}$$

(2)竖曲线测设

1)测设元素计算

①根据变坡点的里程和 T、L 计算竖曲线起、终点的里程;

②据变坡点的设计高程和设计坡度 i_1、i_2,推算坡度线上每隔一定距离(一般为 5 m)j 点的高程 H_j',即 $H_j' = H_\text{坡} + iD$(i 为设计坡度,D 为测点至变坡点的水平距离);

③由 j 点至竖曲线起点(或终点)的距离为 x_j,按式(1.27)计算 j 点的 y_j;

④计算 j 点竖曲线上的高程 H_j,即

$$H_j = H_j' \pm y_j \tag{1.29}$$

在上式中,对于 $\pm y_j$ 符号取用:竖曲线为凹形时,取"＋"号;凸形时,取"－"号。

2)竖曲线测设

①从变坡点起分别沿坡度线方向量 T(i 较小时,可视为平距),定出竖曲线的起、终点 A、B;

②从 A(或 B)点起沿坡度线方向,按规定间距依次量取距离(x_j),并钉桩点;

③测定这些桩点的地面高程 $H_{j\text{测}}$,并与测设高程 H_j 比较,计算填挖高度 $h_j = H_j - H_{j\text{测}}$,若其值大于 0,需要填高;小于 0,需要挖深。将填、挖高度及正、负号标注在木桩上。

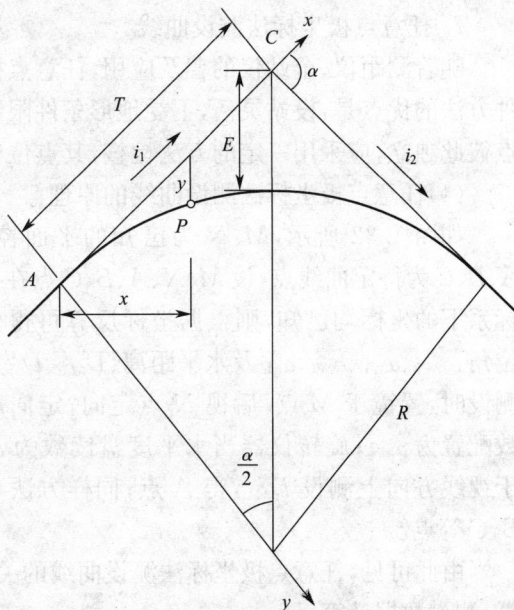

7. 任意点极坐标法测设曲线

随着测距仪、全站仪的普及应用，任意点极坐标法测设曲线已在生产中得到广泛应用。这种方法的优点是：设站灵活，不受地形条件限制，主点和曲线点可同时测设。但应注意，由于测点彼此独立，应采用一定的方法检核，其点位误差不应大于 5 cm。

（1）任意点极坐标法测设曲线的原理

如图 1.32 所示，M、N 为已知的平面控制点，A、B、C 为待定曲线点，设 M、N、A、B、C 点在相同坐标系下的坐标均已知，则根据坐标反算可得坐标方位角：α_{MN}、α_{MA}、α_{MB}、α_{MC} 及水平距离：D_{MA}、D_{MB}、D_{MC}。测设时，置镜于 M 点，后视 N 点定向，定向后视读数配置为 α_{MN}；旋转仪器当水平度盘读数为 α_{MA} 时，于视线方向上测设 D_{MA}，得 A 点；同样方法可测出 B、C 等点。

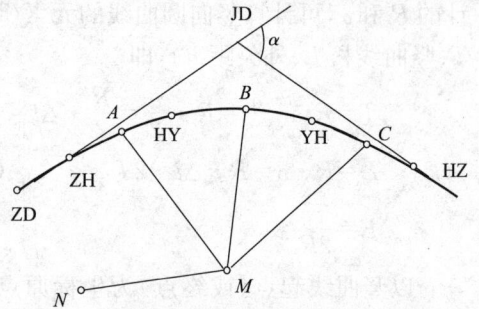

图 1.32 任意点极坐标法测设曲线原理

由此可见，任意点极坐标法测设曲线的关键在于：统一坐标系下控制点、曲线点的坐标计算；测设数据计算。

（2）坐标计算

坐标系的建立主要取决于控制点的情况。如果控制点是为测设曲线而布设的，则坐标系一般采用 ZH-XY 坐标系统；如果控制点是既有控制点（如初测导线点），则控制点所在的坐标系就是统一坐标系，即既有坐标系统。

如图 1.33 所示，以始端缓和曲线 ZH 为原点，以 ZH 切线为 X 轴，且指向交点方向为正向，建立测量中的平面直角坐标系 ZH-XY。

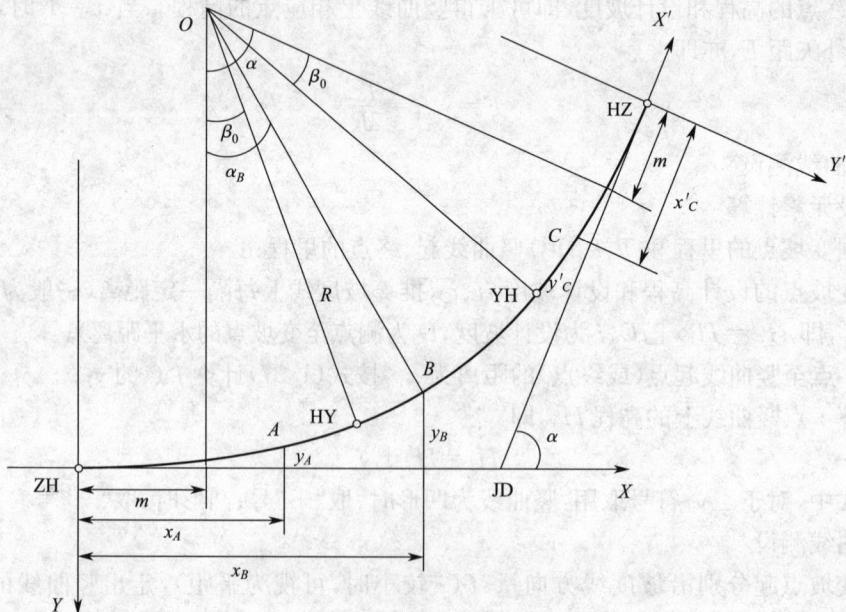

图 1.33 测量坐标系建立示意图

设 A 为缓和曲线上任意一点，则 A 点的坐标为：

$$x_A = l_A - \frac{l_A^5}{40R^2 l_0^2}$$
$$y_A = \pm \left(\frac{l_A^3}{6Rl_0} - \frac{l_A^7}{336R^3 l_0^3} \right) \tag{1.30}$$

式中　l_A——A 点到缓和曲线起点的曲线长；

　　　l_0——为缓和曲线长；

　　　R——圆曲线半径。

按里程增加方向，当曲线右偏时 y_A 坐标为正，左偏时 y_A 坐标为负。

设 B 为圆曲线上任意一点，则 B 点的坐标为：

$$x_B = R\sin\alpha_B + m$$
$$y_B = \pm [R(1 - \cos\alpha_B) + p]$$
$$\alpha_B = \frac{K_B - K_{HY}}{R} \cdot \frac{180°}{\pi} + \beta_0 \tag{1.31}$$

式中　K_B——B 点的里程；

　　　K_{HY}——HY 点里程。

按里程增加方向，当曲线右偏时 y_B 坐标为正，左偏时 y_B 坐标为负。

以 HZ 点为原点，HZ 点切线为 X 轴，交点至 HZ 方向为正向建立测量坐标系（HZ-$X'Y'$）。设 C 为 YH～HZ 段缓和曲线上任意一点，则 C 点的坐标为：

$$x'_C = -\left(l_C - \frac{l_C^5}{40R^2 l_0^2} \right)$$
$$y'_C = \pm \left(\frac{l_C^3}{6Rl_0} - \frac{l_C^7}{336R^3 l_0^3} \right) \tag{1.32}$$

式中　l_C——C 点到缓和曲线终点（HZ）的曲线长。

按里程增加方向，当曲线右偏时 y'_C 坐标为正，左偏时 y'_C 坐标为负。

由数学知识知，坐标平移、旋转公式为

$$x = (x'\cos\gamma - y'\sin\gamma) + a$$
$$y = (x'\sin\gamma + y'\cos\gamma) + b \tag{1.33}$$

式中　γ——原坐标系 X' 轴在新坐标系下的坐标方位角；

　　　a、b——原坐标系的原点在新坐标系下的坐标。

据此，将 YH～HZ 段曲线点的坐标换算到 ZH-XY 坐标系下，为

$$x_C = (x'_C \cdot \cos\gamma - y'_C \cdot \sin\gamma) + x_{HZ}$$
$$y_C = (x'_C \cdot \sin\gamma + y'_C \cdot \cos\gamma) + y_{HZ} \tag{1.34}$$

式中，若为左偏曲线：$\gamma = 360° - \alpha_Z$（或 $\gamma = -\alpha_Z$），若为右偏曲线：$\gamma = \alpha_Y$；x_{HZ}、y_{HZ} 为 HZ 点在 ZH-XY 下的坐标，为

$$x_{HZ} = T(1 + \cos\gamma)$$
$$y_{HZ} = T\sin\gamma \tag{1.35}$$

8. 线路中线逐桩测量坐标计算

目前，在高等级线路工程设计文件中，要求编制中线逐桩坐标表，这对于用全站仪或 GPS（RTK）测设点位是非常方便的。

如图 1.34 所示，设测量坐标系中交点（JD）的坐标为 x_{JD}、y_{JD}（在定测时测定，或纸上定线时已在地形图上量取），通过坐标反算，可计算出相邻交点间的距离 D 和坐标方位角 α。在

选定了各圆曲线半径 R 及缓和曲线长度 l_s 后,根据中桩里程桩号,即可计算出线路各中桩点在测量坐标系统中的坐标。

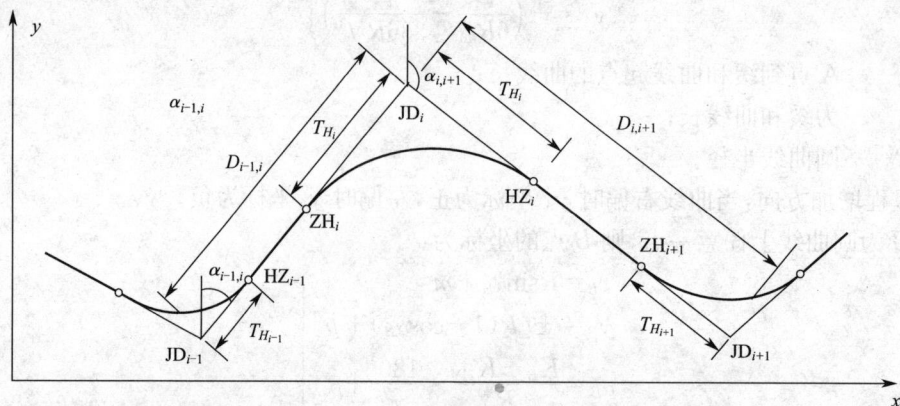

图 1.34　中桩测量坐标计算图示

(1)后退段 HZ 点至本段 ZH 点之间的中桩坐标计算

按线路前进方向,后退段 HZ 点(含线路起点)至本段 ZH 点间的线路是一段直线,各中桩点的坐标按坐标正算公式计算,即

$$\left.\begin{array}{l} x_i = x_{\mathrm{HZ}_{i-1}} + D_i\cos\alpha_{i-1,i} \\ y_i = y_{\mathrm{HZ}_{i-1}} + D_i\cos\alpha_{i-1,i} \end{array}\right\} \tag{1.36}$$

式中　$\alpha_{i-1,i}$——线路后退段交点 JD_{i-1} 至本段交点 JD_i 的坐标方位角;

　　　　D_i——测设的中桩点至后退段 HZ_{i-1} 点间的距离,即桩点里程与 HZ_{i-1} 点里程之差;

$X_{\mathrm{HZ}_{i-1}}$、$Y_{\mathrm{HZ}_{i-1}}$——HZ_{i-1} 点的测量坐标,其值由下式计算,即

$$\left.\begin{array}{l} x_{\mathrm{HZ}_{i-1}} = x_{\mathrm{JD}_{i-1}} + T_{H_{i-1}}\cos\alpha_{i-1,i} \\ y_{\mathrm{HZ}_{i-1}} = y_{\mathrm{JD}_{i-1}} + T_{H_{i-1}}\cos\alpha_{i-1,i} \end{array}\right\} \tag{1.37}$$

式中　$X_{\mathrm{JD}_{i-1}}$、$Y_{\mathrm{JD}_{i-1}}$——交点 JD_{i-1} 的测量坐标;

　　　　$T_{H_{i-1}}$——切线长。

(2)本段 ZH 点至 YH 点之间的中桩坐标计算

本段 ZH 点至 YH 点之间含有第一缓和曲线及圆曲线,按式(1.12)、式(1.18)分别计算第一缓和曲线、圆曲线上各中桩点的独立直角坐标 x、y,然后利用两种平面直角坐标的转换公式(1.33),计算各点的测量坐标 X、Y,即

$$\left.\begin{array}{l} X_i = X_{\mathrm{HZ}_i} + (x_i\cos\alpha_{i-1,i} - y_i\sin\alpha_{i-1,i}) \\ Y_i = Y_{\mathrm{HZ}_i} + (x_i\sin\alpha_{i-1,i} - y_i\cos\alpha_{i-1,i}) \end{array}\right\} \tag{1.38}$$

上式是线路右转时的计算公式。当线路左转时,应以 $y_i = -y_i$ 代至上式中计算。

(3)本段 YH 点至 HZ 点之间的中桩坐标计算

本段 YH 点至 HZ 点之间仅含第二缓和曲线,按式(1.14)计算该缓和曲线上各中桩点的独立直角坐标 x、y,然后通过直角坐标转换,求得各点的测量坐标 X、Y,即

$$\left.\begin{array}{l} X_i = X_{\mathrm{HZ}_i} - (x_i\cos\alpha_{i,i+1} - y_i\sin\alpha_{i,i+1}) \\ Y_i = Y_{\mathrm{HZ}_i} - (x_i\sin\alpha_{i,i+1} - y_i\cos\alpha_{i,i+1}) \end{array}\right\} \tag{1.39}$$

式中　$\alpha_{i,i+1}$——本段曲线交点 JD_i 至线路前进段相邻交点 JD_{i+1} 的坐标方位角。

式(1.39)是线路左转时的计算公式。当线路右转时,应以 $y_i = -y_i$ 代至上式中计算。

典型工作任务 2　线路纵断面测量

1.2.1　工作任务

通过线路纵断面测量知识的学习,主要能够承担以下工作任务:

1. 根据相关测量要求,完成不同地形条件下的纵断面的测量任务;

2. 根据外业的测量数据,能够独立完成纵断面图的绘制。

1.2.2　相关配套知识

线路纵断面测量是指沿线路中线测定各中桩的地面高程,绘制线路纵断面图,供线路纵坡设计使用。

线路纵断面测量内容主要有两项:

(1)高程控制测量(基平测量),即沿线路方向设置水准点,用水准测量的方法测量各水准点的高程。

(2)中桩高程测量(中平测量),即利用基平测量布设的水准点,分段进行附合水准测量,测定各里程桩的地面高程。

1. 基平测量

(1)线路水准点的设置

在线路勘测和施工阶段都要使用高程控制点,因此应根据工程需要和用途沿线布设永久或临时性的水准点。在线路起点、终点、大桥和隧道两端、重点工程附近以及需要长期保存水准点的位置处,均需要设立永久性水准点;若无特殊原因,永久性水准点间距宜为 5 km 左右。为便于引测,还需要沿线布设一定数量的临时性水准点;临时性水准点可埋设大木桩或用树根等地物打钉标志。

水准点的密度应根据地形和工程需要而定。山岭重丘区水准点间距一般为 0.5～1 km;平原微丘区为 1～2 km,如图 1.35 所示。大桥、隧道口、垭口及其他大型构筑物附近,应增设水准点。水准点应选在稳固、醒目、易于引测及施工时不易遭受破坏的位置。

(2)基平测量的方法

基平测量首先应将起始水准点与附近的国家水准点联测,以获取绝对高程。若有条件,应构成附合水准路线。当线路附近无国家水准点或引测困难时,可参考地形图在实地选定一点(一般为明显地物点)作为高程的起算点,以建立独立的高程系统。

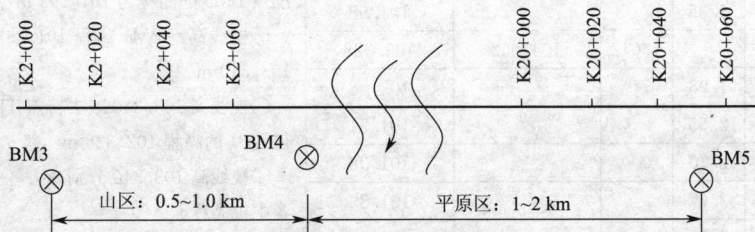

图 1.35　水准点的设置

基平测量应按照附合水准路线的要求进行,具体测量方法请参阅本系列教材有关书籍。

2. 中平测量

(1)中平测量方法

中平测量是以两个相邻的水准点为一个测段,从一个水准点开始,采用中视法(视线高法)逐个测定各中桩的地面高程,直至附合到下一个水准点。在一个测站中若有转点,应先按水准测量方法观测水准点与转点、转点与转点间的高差,视线长度应不超过 150 m,读至 mm;然后再按中视法观测各中桩,视线长度可适当放长,读至 cm,水准尺要紧靠中桩并立于地面。

中视法是先后视已知点,即确定了视线高程;再前视各中间点;然后利用视线高程减去各中视读数,计算出各中间点的高程。其特点是速度快,但精度低。一般为单程观测。

如图 1.36 所示,将水准仪安置在适宜的位置①,后视水准点 BM1,前视转点 TP1,分别将读数记入中平测量记录表中的后视、前视栏内,见表 1.4。然后观测 BM1 与 TP1 之间的各中间点 K0+000、K0+020、K0+040、K0+060,并将读数记入中视栏中。沿线路前进方向把仪器安置到适宜位置②,后视转点 TP1,前视转点 TP2,再中视 K0+080、K0+100、K0+120、K0+140、K0+160 等各中桩点,并将读数分别记入中视栏内。按上述方法继续向前测量,直至附合到下一个水准点 BM2,完成一测段的观测工作。

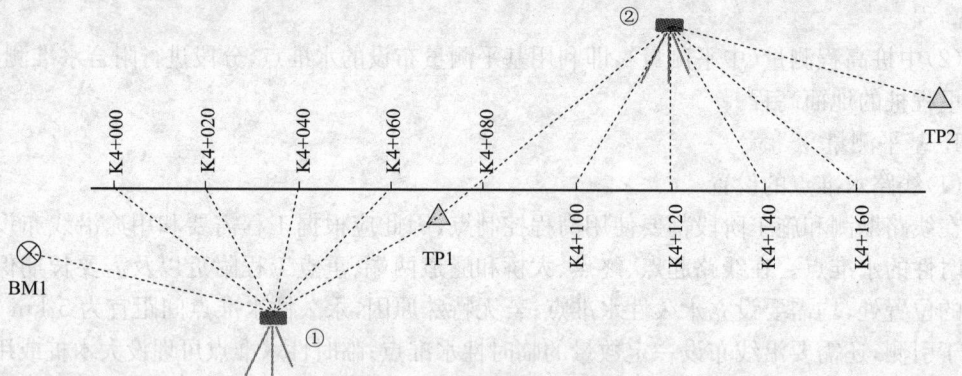

图 1.36　中平测量过程

表 1.4　中平测量记录计算表

立尺点	水准尺读数			视线高(m)	高程(m)	备　　注
	后视	中视	前视			
BM1	2.047			103.340	101.293	
K4+000		1.92			101.42	
+020		1.52			101.82	
+040		2.01			101.33	①BM1 位于 K4+000 桩的右侧 50 m 处,已知水准点 BM5 的高程为 101.293 m
+060		1.36			101.98	
TP1	1.734		1.012	104.062	102.328	②视线高=BM1 高程 101.293+后视 2.047=103.340 m
+080		1.08			102.98	
+100		2.55			101.51	③视线高 103.340 减去转点 TP1 的前视 1.012,得 TP1 的高程 102.328 m
+120		2.70			101.36	
+140		2.67			101.39	④视线高 103.340 分别减去各中桩中视读数,得各中桩高程
+160		2.77			101.29	
TP2	1.213		2.580	102.695	101.482	
...						

如图 1.37 所示,用视线高法测量各中桩高程时,每站的各项计算依次按下列公式进行:

①测站视线高 $H=$ 后视点高程 H_A+ 后视读数 a

②前视转点的高程 $H_B=$ 视线高 $H-$ 前视读数 b

③中桩高程 $H_1=$ 视线高 $H-$ 中视读数 k_1

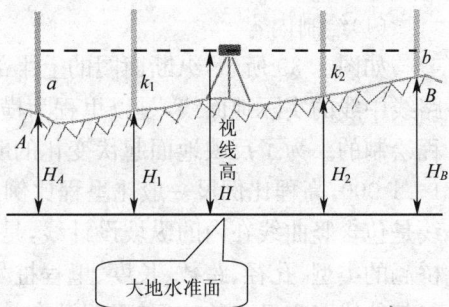

图 1.37　中平测量计算原理

各站记录后,应立即计算各点高程,直至下一个水准点时计算高差闭合差 f_h,若 $f_h \leqslant f_{h允}$,则符合要求,但不进行闭合差的调整,而以原计算的各中桩点高程作为绘制纵断面图的数据。

(2)跨越沟谷的中平测量

当线路经过沟谷时,通常将沟谷内外分开,沟内采用支水准路线及中视测量,沟外采用附合水准测量路线及中视测量形式观测,如图 1.38 所示。

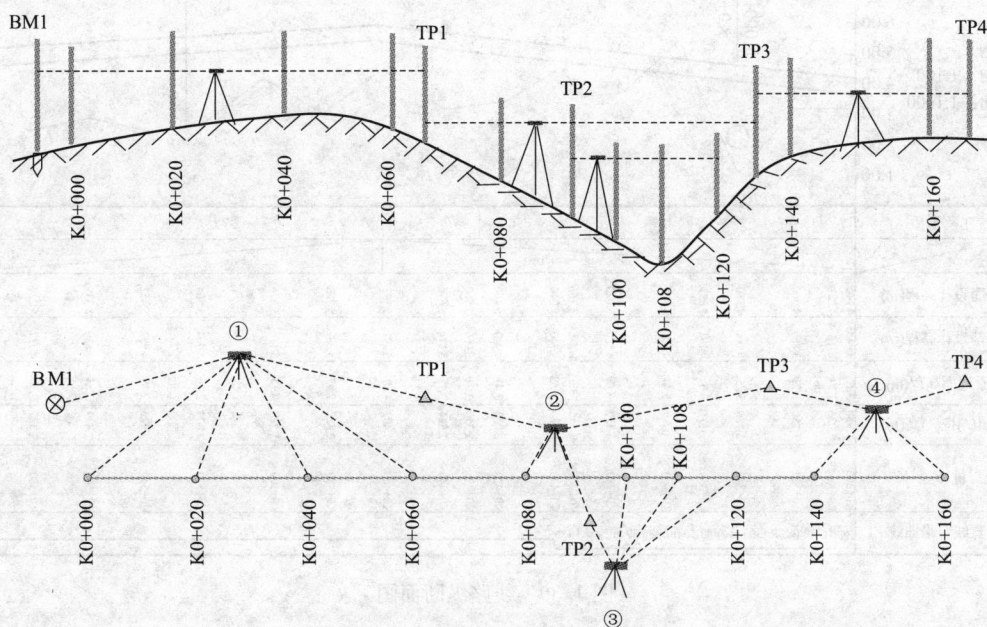

图 1.38　跨沟谷中平测量

当测至沟谷边缘时,仪器安置于②处,同时设定两个转点 TP1、TP3,以 TP1 为后视观测沟内中桩,从而将沟内、沟外分开测量。将仪器迁至③站,后视 TP2,观测沟底各中桩;如此,将沟内各中桩测定完毕。沟外将仪器迁至④站,并使其前后视距差与②站的数值相等、符号相反,以转点 TP3 为后视,观测转点 TP4 及 TP3、TP4 间的中桩,然后继续向前测量。

这种测量方法可使沟内、沟外高程传递互相独立,互不影响。沟内的测量不会影响整个水准测段的闭合,但由于沟内测量是支水准路线形式,缺少检核条件,故工作时应特别注意。沟外、沟内的测量应分别记录,以避免数据混淆。另外,为了消除或减弱水准仪 i 角误差的影响,跨沟后要限制前后视距的累积差。

3. 纵断面图的绘制

线路纵断面图是沿线路中线方向绘制的反映地面起伏变化和纵坡设计的线状图。它表示出各路段纵坡的大小和中线位置的填挖尺寸,是线路设计和施工的重要文件资料。

（1）绘制内容

如图 1.39 所示，纵断面图的上半部分从左至右有两条贯穿全图的线。一条是折线，表示路线中线的实际地面线，是以里程为横坐标、高程为纵坐标，根据中平测量所得的中桩地面高程绘制的。为了反映地面起伏变化的明显程度，里程比例尺一般取为 1：5 000、1：2 000 或 1：1 000，高程比例尺一般比里程比例尺大 10 倍，即为 1：500、1：200 或 1：100。另一条粗线是包含竖曲线在内的纵坡设计线，是在设计时绘制的。此外，图上还有水准点的位置、高程，桥涵的类型、孔径、跨数、长度、里程桩号、设计水位，竖曲线的示意图及其曲线元素，以及中线与其他线路交叉点的位置、里程及有关说明等。

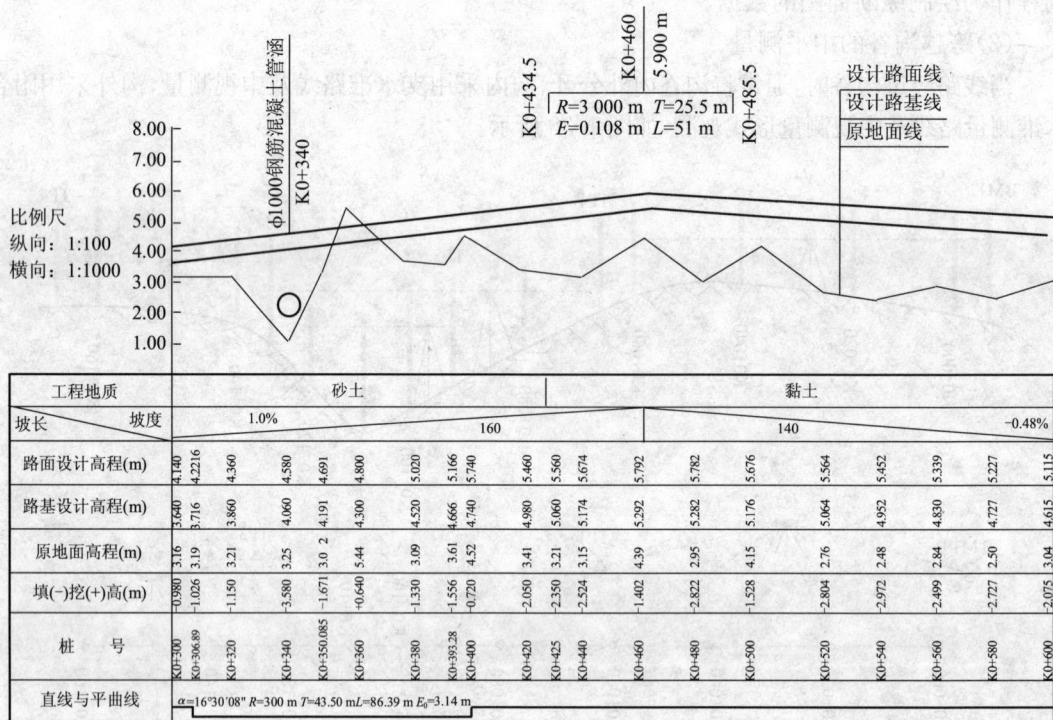

图中标注：

Φ1000钢筋混凝土管涵　K0+340

K0+434.5　　K0+460　5.900 m　　K0+485.5

$R=3\,000\text{ m}$　$T=25.5\text{ m}$
$E=0.108\text{ m}$　$L=51\text{ m}$

设计路面线　设计路基线　原地面线

比例尺
纵向：1:100
横向：1:1000

工程地质	砂土												黏土							
坡长　坡度	1.0% (160)												-0.48% (140)							
路面设计高程(m)	4.140	4.22216	4.360	4.580	4.691	4.800	5.020	5.166	5.340	5.460	5.560	5.674	5.792	5.782	5.676	5.564	5.452	5.339	5.227	5.115
路基设计高程(m)	3.640	3.716	3.860	4.060	4.191	4.300	4.520	4.666	4.740	4.980	5.060	5.174	5.292	5.282	5.176	5.064	4.952	4.830	4.727	4.615
原地面高程(m)	3.16	3.19	3.21	3.25	3.0 2	5.44	3.09	3.61	4.52	3.41	3.21	3.15	4.39	2.95	4.15	2.76	2.48	2.84	2.50	3.04
填(-)挖(+)高(m)	-0.980	-1.026	-1.150	-3.580	-1.671	-0.640	-1.330	-1.556	-0.720	-2.050	-2.350	-2.524	-1.402	-2.822	-1.528	-2.804	-2.972	-2.499	-2.727	-2.075
桩号	K0+300	K0+306.89	K0+320	K0+340	K0+350.085	K0+360	K0+380	K0+393.28	K0+400	K0+420	K0+425	K0+440	K0+460	K0+480	K0+500	K0+520	K0+540	K0+560	K0+580	K0+600
直线与平曲线	$\alpha=16°30'08''$　$R=300\text{ m}$　$T=43.50\text{ m}$　$L=86.39\text{ m}$　$E_0=3.14\text{ m}$																			

图 1.39　线路纵断面图

纵断面图的下半部分有相关测量和纵坡设计的资料，主要包括以下的内容：

①工程地质：标明相应路段的地质情况。

②坡度：从左至右的向上的直线表示上坡，向下的表示下坡，水平的表示平坡；斜线或水平线上面的数字表示坡度值，下面的数字表示坡长。

③设计高程：根据设计纵坡和相应平距推算出里程桩的设计高程。

④地面高程：根据中平测量成果填写相应里程桩的地面高程。

⑤填挖高：指某点施工量，填挖高＝该点地面高程－该点设计高程。地面线与设计线的交点为不填不挖的"零点"。

⑥直线与平曲线：按里程注明线路的直线、曲线部分。中线的直线段用平直线表示；曲线段用折线表示，上凸表示线路右转，下凸表示线路左转，同时注明交点编号和圆曲线半径、缓和曲线长度等。

（2）绘制步骤

线路纵断面的绘制步骤如下：

1)按照选定的里程比例尺和高程比例尺制表,填写里程、地面高程、直线与曲线、土壤地质说明等资料。

2)绘制地面线。先选定纵坐标的起始高程,使绘制的地面线位于图上适当位置;然后依据中桩的里程和高程,在图上按纵、横比例尺依次绘出各中桩点的位置,再用直线连接相邻各点,即可绘出地面线。在高差变化较大的地区,若纵向受到图幅限制,可在适当地段变更图上高程的起始位置,此时地面线将构成台阶形式,接图时要以高程数据为准接图。

3)根据纵坡设计推算中桩的设计高程。当线路的纵坡确定后,即可根据设计坡度和两点间的水平距离,由一点的设计高程计算另一点的设计高程,见式(1.40)。如设计坡度为i,起算点的高程为H_0,推算点的高程为H_P,推算点至起算点的水平距离为D,则

$$H_P = H_0 + i \cdot D \tag{1.40}$$

式中,坡度i上坡为"+",下坡为"-"。

4)计算各中桩的填挖高度。中桩的设计高程与地面高程之差即为该中桩的填土高度或挖土高度。

5)在图上标注有关信息,如水准点、桥涵、竖曲线等。

典型工作任务3 线路横断面测量

1.3.1 工作任务

通过线路横断面测量知识的学习,主要能够承担以下工作任务:

1. 根据不同的线路等级,运用正确的方法测定线路的横断面;

2. 根据外业测量数据,正确绘制横断面图。

1.3.2 相关配套知识

线路横断面测量是测定线路中桩两侧一定距离内,垂直于线路中线方向的地面点的高程,并绘制横断面图。实地测定时,先确定横断面的方向,然后在此方向上测定地面坡度变化点间的距离和高差。横断面测量的宽度应根据路基宽度、填挖高度、边坡大小、地形和地质情况以及工程的特殊要求而定,一般要求线路中线两侧各测10~50 m。横断面测绘的密度除各中桩应施测外,在大、中型桥梁的桥头和隧道的进、出口及挡土墙等重点工程地段需要加密。对于地面点间距和高差的测定,一般只需精确至0.1 m。

1. 测定线路横断面方向

(1)直线段横断面方向的测定

直线段横断面方向与线路中线方向垂直,通常采用方向架法测定,如图1.40所示。将方向架置于中桩点,用其上两个相互垂直的固定片中的其中一个,瞄准直线上一个中桩,则另一个固定片所指的方向即为该桩点的横断面方向。

(2)圆曲线横断面方向的测定

圆曲线上任一点的横断面方向是半径方向,用经纬仪测定时,可依据桩号差、曲线半径求弦切角,再加或减90°的方法确定;也可用方向架法测定。

方向架法一般用求心方向架,即在方向架上安装一个活动片,并有一固定螺旋可将其固定,如图1.41所示。欲测定圆曲线上中桩的横断面方向,其工作步骤如下:

1)将求心方向架置于ZY(或YZ)点,用固定片11'瞄准切线方向(JD),则另一固定片22'

所指方向即为 ZY(或 YZ)点的横断面方向。保持方向架不动,转动活动片 33′瞄准 P_1 点,并将其固定。

2)将方向架搬至 P_1 点,用固定片 22′瞄准 ZY(或 YZ)点,则活动片 33′所指方向即为 P_1 点的横断面方向。为确定 P_2 点的横断面方向作准备,可在 P_1 点的横断面方向上插一花杆,用固定片 22′瞄准花杆,活动片 33′瞄准 P_2 点,并将其固定。

3)将方向架扳至 P_2 点,用固定片 22′瞄准 P_1 点,则活动片 33′所指方向即为 P_2 点的横断面方向。同法,直至将圆曲线上各点的横断面方向测定完毕。

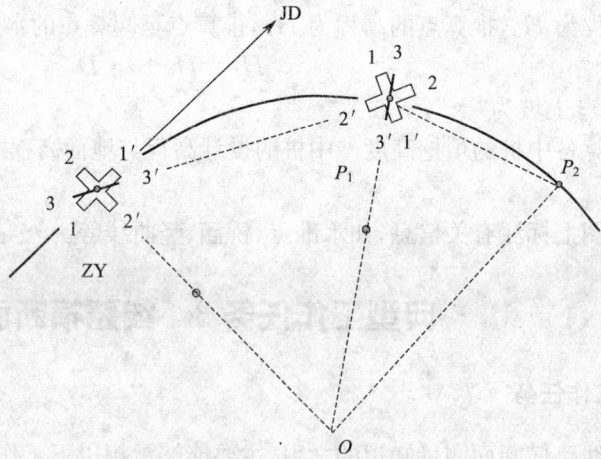

图 1.40　方向架　　　　　图 1.41　求心方向架测定横断面方向

2. 线路横断面的测量方法

线路横断面测量的方法很多,主要有花杆皮尺法、水准仪法、经纬仪法、全站仪法等。花杆皮尺法精度低,作业速度快,适用于低等级线路工程;其他三种方法适用于高等级线路工程,水准仪法精度高,宜在平坦地区使用;目前,普遍采用全站仪进行横断面测量。

如图 1.42 所示,在合适位置处安置水准仪,后视中桩点水准尺读数,前视横断面方向上各变坡点处所立水准尺读数,并用皮尺或钢尺丈量各变坡点至中桩的水平距离,将相关数据记录至横断面测量表内,见表 1.5。

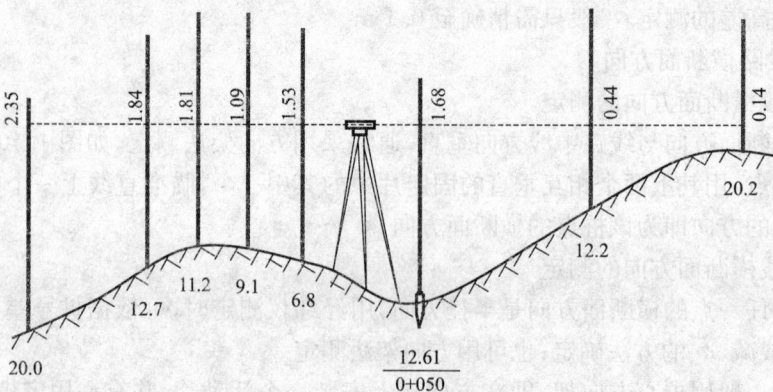

图 1.42　水准仪法测量横断面

表 1.5　横断面测量记录表

前视读数			（左侧）		后视读数	（中桩）	（右侧）	前视读数
水平距离					桩号			水平距离
2.35	1.84	0.81	1.09	1.53	1.68		0.44	0.14
20.0	12.7	11.2	9.1	6.8	0+050		12.2	20.0

3. 线路横断面图的绘制

根据实际工程需要，确定横断面图的水平、垂直比例尺。依据横断面测量得到中桩左右两侧断面点的平距和高差，在毫米方格纸上绘图或用计算机软件绘图。手工绘图时，先标出中桩位置，再由此向左、右两侧逐一按比例尺将特征点绘在图纸上，然后用直线连接相邻各点，即得该中桩横断面的地面线。在横断面图上，还应绘出路基断面的设计线，如图 1.43 所示。

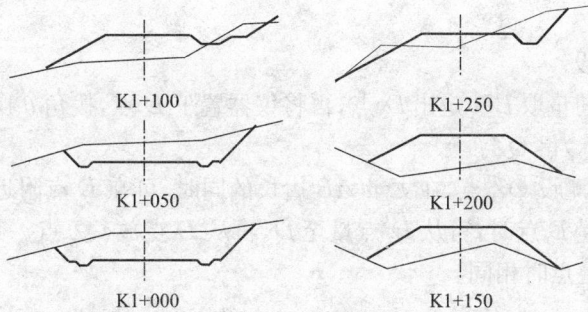

图 1.43　横断面

知识拓展——曲线测设中常见问题处理方法

在曲线测设过程中，可能会遇到很多障碍物及其他问题，常见的有下列几种：

1. 交点遇障碍时的主点测设

当交点（JD）位于陡壁、深沟、建筑物及河流中，使交点与曲线起点或终点不能通视，以及转向角过大不易得出交点，或切线过长而丈量切线的工作量很大时，可以不设置交点，用以下方法设副交点代替交点。

（1）副交点法

如图 1.44 所示，JD_1 落于河流中。此时，在两切线 I、II 方向上，在 ZH 和 HZ 附近，设置两个副交点 A（JD_{1-1}）、B（JD_{1-2}），打桩钉小钉，在副交点 A、B 安置仪器测出角 α_1、α_2，测量 AB 边长。

1）曲线资料的计算

①转向角 $\alpha=\alpha_1+\alpha_2$。

②根据设计资料 R、l_0 和 α，算出综合要素 T、L、E_0、q。

③解三角形，计算 AC、BC、BD、CD、θ。

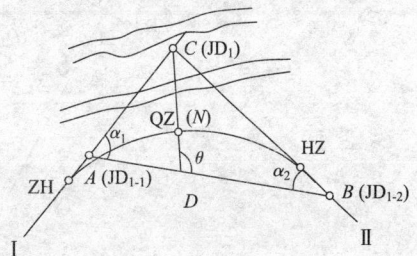

图 1.44　副交点法

$$AC = \frac{AB\sin\alpha_2}{\sin(180° - \alpha)}$$

$$BC = \frac{AB\sin\alpha_1}{\sin(180° - \alpha)}$$

$$\theta = \alpha_1 + \frac{180° - \alpha}{2} = 180° - \alpha_2 - \frac{180° - \alpha}{2} \tag{1.41}$$

$$BD = BC\frac{\sin(\frac{180° - \alpha}{2})}{\sin\theta}$$

$$CD = BC\frac{\sin\alpha_2}{\sin\theta}$$

2)主点测设

①ZH、HZ 点的测设。

仪器先后置于 A、B 点上,在切线Ⅰ上量取 $(T - AC)$ 得 ZH,再在切线Ⅱ上量取 $(T - BC)$ 得 HZ。

②QZ(N)点的测设。

从 B 点沿 AB 方向量取 BD 定出 D 点,再将仪器置于 D 点,拨角 θ 找出 DC 方向线,在此方向线上量取 $(DC - E_0)$ 得 QZ。

注意:为了准确地测设 QZ 点,在丈量 AB 边长的同时,可在 D 点附近临时设置一转点 D'(打桩钉小钉)。待设置 D 点时,可从 D' 点量至 D,再从 D 点放 QZ 点。其拨角、量距、定点等精度要求与前述测设主点时相同。

(2)导线法测设

如图 1.45 所示,ZD_1、A 为始切线上的两点,B、ZD_2 为末切线上的两点,于其间布设导线。导线坐标系:以 A 点为原点,始切线为 x 轴,且指向交点为正向,建立测量中的平面直角坐标系。通过导线测量,可测算出点 B 点的坐标 x_B、y_B 及 $B\text{-}ZD_2$ 边的坐标方位角 $\alpha_{B\text{-}ZD_2}$。

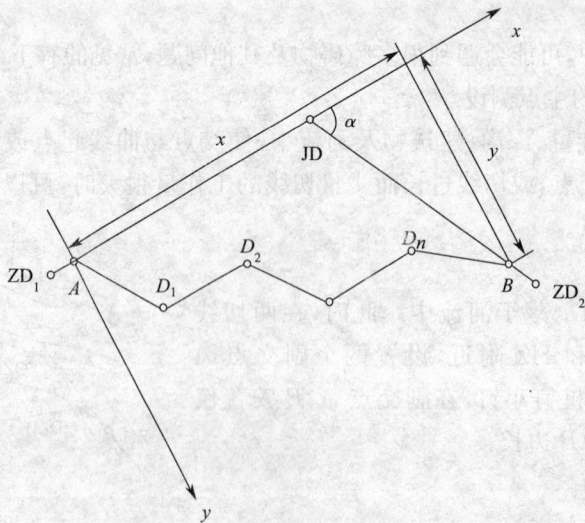

图 1.45　导线法

导线外业观测要求:水平角用测回法观测两测回,测回间角值较差应不大于 $\pm30''$;导线边长若用普通钢尺往返丈量，其相对精度应不低于 1/3 000。

设线路的转向角为 α，当线路为右偏时：$\alpha = \alpha_{B-ZD_2}$；当线路为左偏时：$\alpha = 360° - \alpha_{B-ZD_2}$。$A$、$B$ 两点到 JD 的距离按下式计算：

$$\left.\begin{array}{l} D_{A-JD} = x_B - |y_B| \cot\alpha \\[2mm] D_{B-JD} = \dfrac{|y_B|}{\sin\alpha} \end{array}\right\} \tag{1.42}$$

测设时，置镜于 A 点，后视 ZD_1 定向，若 $T - D_{A-JD} > 0$，自 A 点向 ZD_1 方向测设 $T - D_{A-JD}$ 得 ZH 点；若 $T - D_{A-JD} < 0$，自 A 点向 JD 方向测设 $|T - D_{A-JD}|$ 得 ZH 点。置镜于 B 点，后视 ZD_2 定向，若 $T - D_{B-JD} > 0$，自 B 点向 ZD_2 方向测设 $T - D_{A-JD}$ 得 HZ；若 $T - D_{A-JD} < 0$，自 B 点向 JD 方向测设 $|T - D_{B-JD}|$ 得 HZ 点。HY、YH 可按一般方法测设。QZ 可置镜于任一导线点按极坐标法测设。

2. 主点遇障碍时偏角法测设曲线

偏角法测设曲线的基础是主点，但由于受地物、地貌的限制，曲线的主点可能落在无法测设的地方，在曲线测量中称为主点遇障碍。遇到这种情况时，采用选定若干个适当位置曲线点，以不低于主点测设的精度，用直角坐标法或极坐标法进行测设。据此按遇障碍的偏角法继续测设曲线。

偏角法测设曲线，通常是置镜于一个主点依次测设至另一个主点闭合，但由于受地物、地貌的限制，有时某些视线方向不通视，而必须迁站才能测设其他的曲线点。

遇障碍时曲线测设原理如图 1.46 所示，置镜于已测设出的曲线某主点 A，测设 1、2、…、i，至 $i+$

图 1.46 遇障碍曲线测设原理

1 点时视线受阻；迁站至 i 点，后视 A 点定向，逆时针转动望远镜 β，即找出 i 点的切线方向；计算 i 点至后续各点的偏角；由 i 点继续测设。

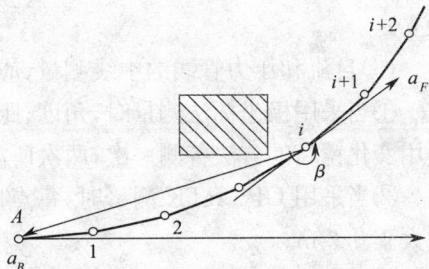

相关规范、规程与标准

1.《工程测量规范》(GB 50026—2007)

(1)一般规定

①线路的平面控制，宜采用导线或 GPS 测量方法，并靠近线路贯通布设。

②平面控制点的点位，宜选在土质坚实、便于观测、易于保存的地方。高程控制点的点位，应选在施工干扰区的外围。平面和高程控制点的点位，应根据需要埋设标石。

③当线路与已有的道路、管道、送电线路等交叉时，应根据需要测量交叉角、交叉点的平面位置和高程及净空高或负高。

④纵断面图图标格式中平面图栏内的地物，可根据需要实测位置、高程及必要的高度。

⑤所有线路的起点、终点、转角点和铁路、公路的曲线起点、终点，均应埋设固定桩。

⑥放线测量应根据图纸上定线线位，采用极坐标法、拨角法、支距法或 GPS-RTK 法进行。

⑦交点的水平角观测，正交点 1 测回，副交点 2 测回。

⑧线路中线测量，应与初测导线、航测外控点或 GPS 点联测。联测间隔宜为 5 km，特殊

情况下不应大于 10 km。

(2)铁路、二级及以下等级公路的定测放线测量,应符合下列规定:

①作业前,应收集初测导线或航测外控点的测量成果,并应对初测高程控制点逐一检测。高程检测较差不应超过 $30\sqrt{L}$ mm(L 为检测路线长度,单位为 km)。

②放线测量应根据图纸上定线线位,采用极坐标法、拨角法、支距法或 GPS-RTK 法进行。

③线路中线测量,应与初测导线、航测外控点或 GPS 点联测。联测间隔宜为 5 km,特殊情况下不应大于 10 km。

④线路中线上,应设立线路起终点桩、千米桩、百米桩、平曲线控制桩、桥梁或隧道轴线控制桩、转点桩和断链桩,并应根据竖曲线的变化适当加桩。

⑤线路中线桩的间距,直线部分不应大于 50 m,平曲线部分宜为 20 m。当铁路曲线半径大于 800 m 且地势平坦时,其中线桩间距可为 40 m。当公路曲线半径为 30～60 m 或缓和曲线长度为 30～50 m 时,其中线桩间距不应大于 10 m;对于公路曲线半径小于 30 m、缓和曲线长度小于 30 m 或回头曲线段,中线桩间距均不应大于 5 m。

⑥断链桩应设立在线路的直线段,不得在桥梁、隧道、平曲线、公路立交或铁路车站范围内设立。

(3)自流和压力管线的中线测量,应符合下列规定:

①当采用极坐标法测量时,角度、距离 1 测回测定,距离读数较差应小于 20 mm;高程可采用变化镜高的方法各测一次,两次所测高差较差不应大于 0.2 m。

②当采用 GPS-RTK 测量时,每点应观测两次,两次测量的纵、横坐标及高程的较差均不应大于 0.2 m。

③当管道线路的转弯为曲线时,应实测线路偏角,计算曲线元素,测设曲线的起点、中点和终点。

④断链桩应设置在管道线路的直线段,不得设置在穿跨越段或曲线段。断链桩上应注明管道线路来向和去向的里程。

(4)管线的断面测量,应符合下列规定:

①纵断面测量的相邻断面点间距,不应大于图上 5 cm;在地形变化处应加测断面点,局部高差小于 0.5 m 的沟坎可舍去;当线路通过河流、水塘、道路或其他管道时也应加测断面点。

②横断面测量的相邻断面点间距,不应大于图上 2 cm。

(5)架空送电线路测量,应符合下列规定:

①纵断面测量的视距长度,不宜大于 300 m,距离的相对误差不应大于 1/200,垂直角较差不应大于 1′。超过 300 m 时,宜采用电磁波测距方法。

②断面点的间距不宜大于 50 m,地形变化处应适当加测点;独立山头不应少于 3 个断面点。

③在送电导线的对地距离可能有危险影响的地段,应适当加密断面点。

④在线路经过山谷、深沟等不影响送电导线对地距离安全之处,纵断面线可中断。

⑤送电导线排列较宽的线路,当边线的地面高出实测中心线地面 0.5 m 时,应施测边线纵断面。

⑥纵断面图图标格式中平面图栏内的地物测量,除满足相关的要求外,还应进行线路走廊内的植被测量。

项目小结

1. 线路工程是指长宽比很大的工程,包括铁路、公路、供水明渠、输电线路、各种用途的管道工程等。线路工程建设过程中需要进行的测量工作,称为线路工程测量,简称线路测量。线路测量的基本过程:规划选线阶段、勘测阶段、施工放样阶段、工程竣工运营阶段的监测。线路测量的基本特点:全线性、阶段性、渐近性。

2. 线路中线测量是将线路设计中心线测设在实地上。在测量线路中线的位置时,首先应定出直线位置,然后再定出曲线位置。主要过程:交点的测设、转点的测设。转角是线路由一个方向偏转到另一个方向时,偏转后的方向与原方向的水平夹角。转角分左转角和右转角。为了能在较长时间内保持勘测中所设置的线路位置,在线路上重要的各点要用木桩做标志,由它们构成线路中线的骨干,控制整个线路的走向,所以这些桩称为控制桩。

3. 圆曲线是线路平面曲线的基本组成部分,且单交点单圆曲线是最常见最基本的曲线形式。圆曲线的测设工作一般分两步进行:首先测设曲线主点桩,然后进行曲线桩加密,完整地标定出圆曲线的位置,这项工作称为曲线的详细测设。圆曲线的基本要素包括:转角 α、曲线长 L、切线长 T、外矢距 E_0、切曲差 q,曲线半径 R。圆曲线主点的测设,即确定曲线起点(ZY)、曲线中点(QZ)和曲线终点(YZ)的位置。常用的圆曲线的详细测设方法为偏角法、切线支距法。

4. 车辆由直线驶入圆曲线或由圆曲线驶入直线时,其运行状态会发生改变,为保证车辆平顺而安全地运行,通常在直线与圆曲线之间要加一段过渡曲线,称为缓和曲线。由直线进入圆曲线,或由圆曲线进入直线,离心力的变化应该有一个渐变过程。为使车辆顺利通过曲线,铁路线路内轨(公路路面内侧)需加宽。由直线的正常值到圆曲线加宽值也应在缓和曲线上逐渐过渡。缓和曲线的主要作用是:运行状态过渡、超高过渡和加宽过渡。带有缓和曲线的圆曲线,仍有切线长 T、曲线长 L、外矢距 E_0、切曲差 q 这四个曲线元素,它们均可由曲线转角 α、圆曲线半径 R 及缓和曲线长 l_0 求得。曲线的详细测设常用方法有:偏角法、切线支距法。

5. 由于地形条件纷繁复杂,线路要克服各种地形障碍,以满足行车要求。因而除基本形状外,有时会形成其他种类的形状。常见的铁路线路有:回头曲线、螺旋线、复曲线、反向曲线。

6. 随着测距仪、全站仪的普及应用,任意点极坐标法测设曲线已在生产中得到广泛应用。这种方法的优点是:设站灵活,不受地形条件限制,主点和曲线点可同时测设。但应注意,由于测点彼此独立,应采用一定的方法检核,其点位误差不应大于 5 cm。

7. 在曲线测设过程中,可能会遇到很多障碍物及其他问题,常见的有下列几种:

(1)交点遇障碍时的主点测设。当交点 JD 位于陡壁、深沟、建筑物及河流中,使交点与曲线起点或终点不能通视,以及转向角过大不易得出交点,或切线过长而丈量切线的工作量很大时,可以不设置交点,也可设副交点代替交点。

(2)主点遇障碍时可用偏角法测设曲线。偏角法测设曲线的基础是主点,但由于受地物、地貌的限制,曲线的主点可能落在无法测设的地方,即主点遇障碍。遇到这种情况时,选定若干个位置适当的曲线点,以不低于主点测设的精度,用直角坐标法或极坐标法将其设出。据此按遇障碍的偏角法继续测设曲线。

复习思考题

1. 怎样定出交点和转点？

2. 什么是线路的转角？怎样确定左右转角？

3. 曲线半径 $R=700$ m，转向角 $\alpha_{右}=30°10'20''$，若 ZY 点的里程为 K3+315.60，试计算：

(1)圆曲线要素及各主点的里程。

(2)将仪器设置在 ZY 点，用切线支距法(每 20 m 一桩)测设圆曲线的计算数据表格。

4. 什么是缓和曲线？设置缓和曲线的作用有哪些？说明缓和曲线的形式、特点和方程？

5. 设 $R=800$ m，$l_0=90$ m，$\alpha=25°15'00''$，JD 里程 DK186+089.47，试计算：

(1)各要素 T、L、E_0、q 及各主点的里程；

(2)计算各点的偏角；

(3)列出曲线上每 20 m 点的切线支距。

6. 试述回头曲线各主点要素计算及测设方法。

7. 如何用极坐标方法测设曲线？

8. 简述计算线路中线逐桩坐标的过程。

9. 在遇到障碍物用偏角法测设曲线时，应如何找出切线方向？

10. 当交点不能安置仪器时，如何设置主点？

11. 线路纵断面测量具有什么作用？如何进行纵断面测量？

12. 基平测量的水准点应怎样布设？不同等级的线路工程对基平的精度有什么要求？

13. 中平测量有哪些常用测量方法？中平测量与一般的高程控制测量有什么不同？精度要求怎样？

14. 在中平测量中，为什么立在转点上的水准尺要求读数至 mm，而立在中线桩的水准尺却只要求读数至 cm？

15. 纵断面图包括哪些内容及每项的含义？

16. 试述纵断面图的绘制方法。

17. 如何确定线路直线、圆曲线上的横断面方向？

项目 2　铁路工程测量

项目描述

　　铁路工程测量是指铁路线路在勘测设计、施工过程中进行的各种测量工作。主要包括平面控制测量、高程控制测量、地形测量、中线测量、纵断面测量、横断面测量以及路基、轨道、站场等建筑物和构筑物的测设工作。

拟实现的教学目标

　　1. 能力目标
　　● 通过本项目的学习,结合本书其他项目的内容,能够在铁路勘测设计和施工过程中按照相关规范要求完成各种测量工作。
　　2. 知识目标
　　● 掌握铁路线路初测阶段测量工作的主要内容及测量方法;
　　● 掌握铁路线路定测阶段测量工作的主要内容及测量方法;
　　● 掌握铁路线路施工过程中测量工作的主要内容及测量方法。
　　3. 素质目标
　　● 通过本项目的理论学习和操作训练,培养学生分析问题、解决问题、不断总结经验、提高自身业务水平的能力;
　　● 学生养成认真、仔细、严谨的测量习惯。

相关案例——某地方铁路测量方案

　　1. 测区概况
　　某地方铁路线路长度为 83.694 km,位于吕梁山地西侧的低山丘陵区,是吕梁山地向黄河峡谷的延伸部分,主要土质为黄土。由于长期水流侵蚀和切割作用,地面形成以黄土梁、深切冲沟为主的典型黄土丘陵地貌,地形起伏较大且凌乱破碎。该地区属于Ⅰ级地形,交通条件恶劣,道路状况差,地形条件复杂。
　　该地区属暖温带亚湿润大陆性季风气候区,四季分明,冬季寒冷,降水量少,春季风大,夏季炎热多雨,秋季干爽。按铁路工程分区为寒冷地区,土壤最大冻结深度为 1.2 m。
　　2. 初测测量方案
　　(1)平面控制测量
　　1)选点布网
　　沿线路方案附近约 10 km 左右布设 GPS 点一对。兼顾在长大隧道进出口及长大桥梁及站场位置布设 GPS 点,并兼顾 GPS 联测其他线路控制网的需要。现场绘制点之记草图,并整理成电子文档格式。GPS 点编号由 GPS1001 开始从小里程至大里程依次顺序编号。

2)外业观测

利用 4 台 Trimble R8 接收机进行同步观测,按 D 级 GPS 网的技术标准,采用边连接方式组成四边形网实施。

3)数据处理

用软件 LGO6.0 直接读取 RINEX 数据,并进行基线解算及输出。

采用同济大学测量系的 TGPPS Win32 软件进行平差计算。

(2)高程控制测量

高程控制点与平面控制点共用,高程采用 GPS 拟合高程。

为检查拟合高程的精度是否达到四等水准的要求,用四等水准测量的方法检查高差。

(3)地形测量

条件允许时,用 GPS RTK 进行外业数据采集;条件不允许时,用 GPS RTK 设置两个互相通视的点作为加密控制点,然后用全站仪采集数据。

内业成图采用 CASS 2008 成图软件进行。

3. 定测测量方案

(1)平面控制测量

1)基础平面控制网(CPⅠ)

①基础平面控制网(CPⅠ)的布设

在已有的 GPS 平面控制网基础上,每隔 3~4 km 布设一对 GPS 控制点,在隧道进出口、斜井附近及特大桥两岸应增设 GPS 点对;在改线处重新布设 GPS 点。

②选点埋石

CPⅠ点应设在距线路中线 100~200 m、地质情况稳定、地基坚实、交通方便、利于 GPS 观测且能长期保存而不易被施工破坏的稳定区域,选点后按规范要求埋石并绘制点之记。

③外业测量

外业测量采用 GPS 按 D 级网的要求施测。GPS 测量应在首级 GPS 控制网的基础上进行,采用边连接方式构网,形成由三角形或大四边形组成的带状网,并与首级控制网联测构成附合网。

④数据处理

a. 基线向量解算

基线向量解算采用广播星历和商用软件,为保证其数据的一致性,本线基线解算采用 LGO 软件。

b. GPS 网平差

全部基线解算符合精度要求后,采用同济大学测量系的 TGPPS Win32 软件进行整网平差计算。

c. 平面网的核算

GPS 观测数据由不同人员进行基线独立解算,精度满足要求后,使用 COSAGPS 平差软件进行网平差计算,精度都达到设计要求后,与采用 TGPPS Win32 软件平差计算的结果进行比较。

2)线路平面控制网(CPⅡ)

①线路平面控制网(CPⅡ)的布设

在基础平面控制网(CPⅠ)的基础上,沿线路每隔 400～600 m 布设一个 CPⅡ点,最短边长不得小于 200 m,最大边长不得大于 1 km。短边与相邻边之比不宜小于 1:3。

②选点埋石

CPⅡ控制点应选在距线路中线 50～200 m、稳固可靠且不易被施工破坏的范围内,沿线布设成等边直伸形式,应便于长期保存和测设中线。点位选好后按规范要求埋石并绘制点之记。

③外业测量

外业测量采用标称精度不低于 ±2″、±(2 mm+2 ppm)的全站仪按四等导线测量的精度要求施测。

④数据处理

导线在方位角闭合差及导线全长闭合差满足要求后,采用专业平差软件进行严密平差。

3)高程控制测量

①水准点布设

沿线路每 2 km 左右设置一个水准点。

②选点埋石

水准点可以与 GPS 点、导线点共用,在特大桥两岸、长大隧道进出口、斜井附近应根据实际情况增设,水准点也可单独设置,单独设置的水准点距线路中线的距离宜在 50～150 m 之间。水准点埋石深度按 1.0 m 进行。水准点应选在土质坚实、安全僻静、观测方便和利于长期保存的地方。

水准点选好后,按规范要求埋设标石并绘制点之记。

③外业测量

水准测量采用不低于 DS₃ 的水准仪按照四等水准测量的精度要求进行。

在山区、丘陵地区可采用光电测距三角高程测量。

④数据处理

数据处理采用专业平差软件进行严密平差计算。

4)中线测量

在满足 RTK 测量作业要求时,采用 GPS RTK 测设中桩;在不满足 RTK 测量作业要求时,以全站仪配合用常规测量方法测设中桩。

5)横断面测量

横断面测量可采用坐标法或丈量法施测,一体化(横断面)数据采集、计算及成果输出。提供电子、纸质成果各一份。

4. 施工测量方案

(1)交接桩

建设单位接收设计资料,检查线路测量的有关图表资料,会同设计单位进行现场交接桩。

(2)施工复测

采用与原控制测量相同的方法对基础平面控制网(CPⅠ)、线路平面控制网(CPⅡ)和高程控制网进行复测,测量精度等级不低于原测量精度等级。

(3)路基施工测量

1)根据设计资料计算放样数据、绘制放样草图并由第二者独立校核。

2)采用 GPS RTK 或全站仪放样路基中桩和边桩。

(4)线下工程竣工测量

1)利用 CPⅠ、CPⅡ控制点和线路水准点,贯通全线的里程和高程。

2)将线路水准点(含施工增设的水准点)移设于接近线路的稳固建筑物或岩石上。无条件时,按原测精度单独埋设永久性水准点。

3)钉设线路中桩,测量路基横断面并埋设地界桩。

(5)轨道施工测量

1)建立轨道施工控制网(CPⅢ)。

2)直线上利用 CPⅢ控制点进行轨道铺设控制测量。

3)曲线上应按 CPⅢ精度要求,在 CPⅢ点间每隔 60 m 左右设置加密基标。曲线控制点、变坡点以及竖曲线起终点处应设加密基标,并利用 CPⅢ控制点和加密基标进行轨道铺设测量。

(6)线路竣工测量

线路竣工测量包括线路中线竣工测量、线路纵断面竣工测量、轨道铺设竣工测量。

1)线路中线竣工测量

利用 CPⅢ控制点对按照规范要求设置中线桩。

2)纵断面竣工测量

利用线路水准点测量各中线桩对应的轨道顶面高程并绘制纵断面图。

3)轨道铺设竣工测量

用道尺对轨道与 CPⅢ的几何关系进行测量。

4)线路竣工地形图测量

采用线路施工平面图进行修测。地形图比例尺为 1∶2 000,测量范围为铁路用地界外 50 m。

典型工作任务 1　铁路线路初测

2.1.1　工作任务

通过本工作任务的学习,主要承担以下工作任务:

1. 铁路线路初测阶段的平面控制测量。

2. 铁路线路初测阶段的高程控制测量。

3. 铁路线路初测阶段的地形测量。

2.1.2　相关配套知识

1."三网合一"

《铁路工程测量规范》(TB 10101—2009)将过去以线路控制桩进行铁路勘测设计、施工的方法改变为以平面、高程控制网按分级布网原则进行的铁路勘测设计、施工的方法。

铁路工程分为勘测设计、施工、运营维护三个阶段,铁路工程测量的平面控制网、高程控制网按施测阶段、施测目的及功能不同分为勘测控制网、施工控制网、运营维护控制网,简称"三网"。

为保证控制网的测量成果质量满足勘测设计、施工、运营维护三个阶段的测量要求,适应铁路工程建设和运营管理的需要,三个阶段的平面控制测量、高程控制测量必须采用统一的基准,即勘测控制网、施工控制网、运营维护控制网均采用 CPⅠ为基础平面控制网,首级高程控制网水准基点为基础高程控制网,简称为"三网合一"。

"三网合一"包括以下几个方面的内容:

1)勘测控制网、施工控制网、运营维护控制网坐标、高程系统的统一。

在铁路工程的勘测设计、线下施工、轨道施工及运营维护的各阶段均采用坐标定位控制,因此必须保证三网的坐标、高程系统的统一,只有这样,铁路工程的勘测设计、线下施工、轨道施工及运营维护工作才能顺利进行。

2)勘测控制网、施工控制网、运营维护控制网起算基准的统一。

铁路工程勘测控制网、施工控制网、运营维护控制网平面测量以基础平面控制网 CPⅠ为平面控制基准,高程测量以首级高程控制网水准基点为高程控制测量基准。

3)线下工程施工控制网与轨道施工控制网、运营维护控制网的坐标、高程系统和起算基准的统一。

4)勘测控制网、施工控制网、运营维护控制网测量精度的协调统一。

按照"三网合一"的理念,铁路工程的线路平面控制网、高程控制网不仅要满足线下工程施工控制的需要,还要满足轨道铺设以及运营维护的要求。

2. 平面控制测量

铁路工程平面控制网包括线路平面控制网、桥梁和隧道等工程的施工平面控制网,可采用卫星定位测量、导线测量和三角形网测量等方法施测。

(1)平面控制网布设原则

1)控制网布设应符合因地制宜、技术经济合理、确保质量的原则。当与国家坐标系统联测时,应进行联测方案设计。

2)各级控制网的等级应根据铁路工程旅客列车设计行车速度、工程规模、控制网的用途和精度要求合理确定。

3)加密控制网可越级布设或同精度内插。

(2)铁路线路初测阶段的平面控制测量

铁路工程线路平面控制测量应按分级布设的原则建网。第一级为基础平面控制网(CPⅠ),第二级为线路平面控制网(CPⅡ),第三级为轨道控制网(CPⅢ)。

铁路线路勘测时首先建立基础平面控制网(CPⅠ),当初测阶段比较方案较多,布设基础平面控制网(CPⅠ)困难时,可每 10 km 左右布设一对 GPS 控制点,以便于进行勘测,工程可行性研究设计完成后,再布设基础平面控制网(CPⅠ);定测方案确定后,应布设线路平面控制网(CPⅡ),以满足定测需要、节省费用;线下工程竣工后、铺轨前,应布设轨道控制网(CPⅢ)。

当测区内高等级平面控制点精度和密度不能满足基础平面控制网(CPⅠ)的起闭要求时,应首先施测框架平面控制网(CP0)。

1)框架平面控制网(CP0)

为满足铁路线路平面控制测量起闭联测的要求,沿线路每 50 km 左右建立卫星定位测量控制网,作为全线(段)的线路平面坐标基准,称为框架平面控制网(CP0)。

框架平面控制网(CP0)测量方案应根据线路旅客列车设计行车速度及测区具体情况进行专门的技术设计,全线一次性布网,统一测量,整体平差。

①选点埋石

CP0 控制点应沿线路走向每 50 km 左右布设一个,在线路起点、终点或与其他线路衔接地段,应至少有 1 个 CP0 控制点。

CP0 控制点标石选埋应符合下列要求:

a. 控制点应设在适合 GPS 观测作业的地点,周围 200 m 范围内不得有强电磁干扰源或强电磁反射源,点位距离线路中线不宜大于 10 km。

b. 控制点标石应设在基础稳定、不受施工和其他人为活动的干扰、能够长期保存的地点。

c. CP0 控制点应按图 2.1 所示要求埋设标石,并在混凝土的表面上注明线名、编号、单位等。

d. CP0 控制点标石埋设完成后,应按表 2.1 的格式做好点之记。新埋标石应办理测量标志委托保管书,一式二份,标石保管单位(或个人)和测量单位各存一份。

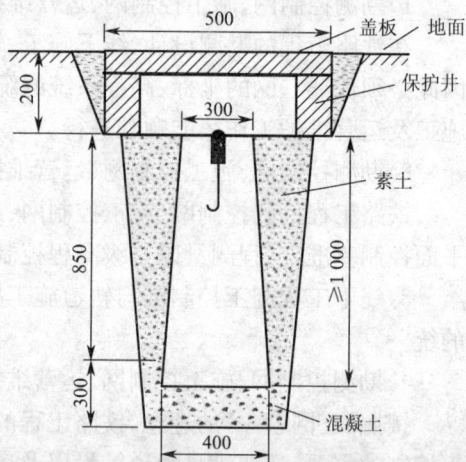

②构网联测

框架平面控制网(CP0)应与 IGS 参考站或国家 A、B 级 GPS 点进行联测。全线联测的已知站点数不应少于 2 个,且在网中均匀分布。

每个 CP0 控制点应与 3 个以上相邻的 CP0 控制点连接;IGS 参考站或国家 A、B 级 GPS 点应与 2 个以上相邻的 CP0 控制点连接。

图 2.1　CP0 及一等平面控制点标石埋设图(单位:mm)

表 2.1　控制点点之记

×××点之记

工程名称:　　　　　　　　　　　　　　　　　　　　　　第　　页共　　页

点名			等级		
详细位置图:			标石断面图:		
					单位:mm
点位详细说明					
交通路线					
概略坐标	$B=$				
	$L=$				
所在地					
标石类型					
标石质料					
选点单位			埋石单位		
选点者			埋石者		
选点日期			埋石日期		
备注					

③外业观测

框架平面控制网(CP0)外业观测应使用标称精度不低于 5 mm±1 ppm(即 5 mm±1×10⁻⁶D,

D 为距离,单位为 km)的双频 GPS 接收机,同步观测的 GPS 接收机不应少于 4 台。

观测时,GPS 接收机的天线安置应严格对中整平,天线对中误差应不大于 1 mm。天线高应在测前(开机之前)和测后(关机之后)各量取一次,每次应在相同的位置从天线三个不同方向(间隔 120°)量取,或用接收机天线专用量高器量取。单次天线高重复量取的读数互差不大于 ±2 mm 时,取平均值作为单次天线高观测值;观测前和观测后天线高观测值读数互差不大于 ±3 mm 时,取平均值作为天线高最终观测值。

CP0 观测各项技术要求见表 2.2。

表 2.2　CP0 观测技术要求

卫星截止高度角	数据采样间隔	同时观测有效卫星数	有效卫星的最短连续观测时间	观测时段数	有效时段长度
15°	30 s	≥4	≥15 min	≥4	≥300 min

CP0 观测时段的分布应尽可能昼夜均匀,夜间观测时段数应不少于 1 个。每个观测时段不宜跨越北京时间早 08:00(世界协调时 00:00)。同一时段的观测过程中不得关闭并重新启动仪器,不得改变仪器的参数设置,不得转动天线位置。

观测过程中若遇强雷雨、风暴天气应立刻停止当前观测时段的作业。

④数据处理

CP0 基线向量解算应使用适合长基线的高精度 GPS 解算软件,网平差应采用国家或铁道部主管部门评审通过的软件。

2)基础平面控制网(CPⅠ)

在框架平面控制网(CP0)或国家高等级平面控制网的基础上,沿线路走向布设,按 GPS 静态相对定位原理建立的控制网,称为基础平面控制网(CPⅠ)。

基础平面控制网(CPⅠ)是线路平面控制网(CPⅡ)起闭的基准。

①基础平面控制网设计

基础平面控制网(CPⅠ)测量工作开展前,应根据测区地形、地貌及线路工程情况进行平面控制网设计。平面控制网设计包括控制网基准、网形、精度和测量方法等。

a.CPⅠ控制点布设

a)CPⅠ控制点应沿线路走向布设。当 CPⅡ采用 GPS 测量时,可不大于 4 km 布设一个 CPⅠ控制点;当 CPⅡ采用导线测量时,应不超过 4 km 布设一对相互通视的 CPⅠ控制点,以满足 CPⅡ控制点的起闭要求。

b)CPⅠ控制点宜设在距线路中心 50～1 000 m 范围内。

c)CPⅠ控制点宜设在稳定可靠、便于测量、不易被施工破坏的地方。

d)布设 CPⅠ控制点时,应考虑线路沿线桥梁、隧道及其他大型构(建)筑物布设施工控制网的要求。

e)CPⅠ控制点应按图 2.2 的要求埋设标石,并

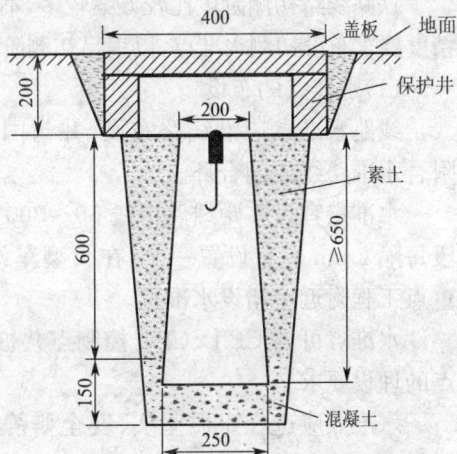

图 2.2　三等平面控制点标石埋设图(单位:mm)

在混凝土的表面上注明线名、编号、单位等。

f)CPⅠ控制点埋设完成后,应按照表 2.1 的格式做好点之记。

b. 网形设计

基础平面控制网(CPⅠ)应采用边联结方式构网,形成由三角形和四边形组成的带状网,通过环闭合差的检查,确保基线边的质量。为了保证 CPⅠ控制网的完整性,避免分段平差连接处出现坐标连接差,因此要求 CPⅠ控制网一次布网,整体平差。当一条线路分为几个设计院勘测设计时,总体设计单位将各勘测单位的 CPⅠ测量数据归口统一平差。

c. 测量方法设计

CPⅠ应起闭于国家高等级平面控制点或 CPO 控制点,每 50 km 宜联测一个高等级平面控制点,全线联测高等级平面控制点的总数不宜少于 3 个。在线路起点、终点或与其他铁路平面控制网衔接地段,CPⅠ控制网应与其控制点联测,联测控制点的个数不应少于 2 个,以便确定它们之间的相互关系,保证铁路工程与相邻铁路的平顺衔接。

为了测量 CPⅠ控制点的高程,CPⅠ控制网宜与附近的已知水准点联测。

②外业观测和解算

当旅客列车设计行车速度为 200 km/h 时,基础平面控制网(CPⅠ)应按三等 GPS 网的要求施测;当旅客列车设计行车速度不大于 160 km/h 时,基础平面控制网(CPⅠ)应按四等 GPS 网的要求施测。

3. 高程控制测量

高程控制测量的等级划分为一、二、三、四、五等及精密水准。困难条件下,水准路线长度可酌情放宽。

铁路线路高程控制测量是指铁路工程施工的首级高程控制。

首级高程控制网的等级应根据旅客列车设计行车速度、用途和精度要求合理选择。首级网应布设成附合路线或环形网,加密网宜布设成附合路线或结点网。大型桥梁和长大隧道应根据工程规模和精度要求建立独立高程控制网。

各等级高程控制宜采用水准测量。水准测量有困难的山岭地带、沼泽及水网地区,三等及以下高程控制测量可采用光电测距三角高程测量,平原地区四等以上高程控制测量不宜采用光电测距三角高程测量。

铁路线路初测阶段比较方案较多,不具备三、四等水准测量的条件,所以先按五等水准测量精度要求布设初测水准点,以满足初测阶段高程测量的需要。

(1)水准点的布设

线路水准点应沿线路布设,并与国家水准点联测,形成附合水准路线或闭合环。

水准点宜设在距线路中线 50～300 m 的范围内,一般地段每隔 2 km 左右设置一个,在大型车站、长大桥梁、隧道等重点工程附近应增设水准点。

水准点可与 CPⅠ、CPⅡ 控制点共桩,共桩点应符合水准点的埋设要求。

水准点应选在土质坚实、安全僻静、观测方便和利于长期保存的地方。

水准点标石应按图 2.3 的要求采用混凝土预制桩或现场

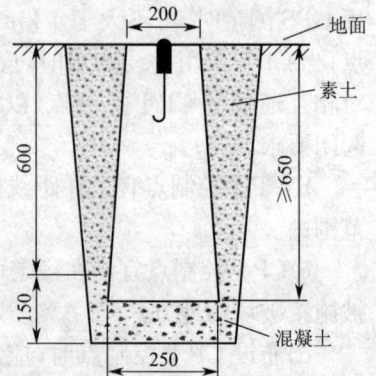

图 2.3　四等及以下水准点标石埋设图(单位:mm)

浇注,并在混凝土的表面上注明线名、编号、单位等。

水准点标石埋设完成后,应现场填写点位说明,丈量标石至明显地物的距离,绘制点位位置图,按表 2.1 的要求做好点之记。

(2)高程测量

铁路线路初测高程控制测量可采用水准测量、光电测距三角高程测量和 GPS 高程测量的方法进行。

1)水准测量

铁路线路初测高程控制测量应采用不低于 DS_3 级的水准仪,按照铁路五等水准测量的要求施测,宜用整体式水准尺。

水准测量过程中测站观测限差超限,如在本站观测时发现,应立即重测;如迁站后发现,则应从水准点或间隙点开始重测。

两次观测高差较差超限时应重测。重测后,应将结果与原测结果分别比较,较差均不超过限值时,取三次结果的平均值。

2)光电测距三角高程测量

光电测距三角高程测量宜布设成三角高程网或高程导线,视线高度和离开障碍物的距离不得小于 1.2 m,高程导线的闭合长度不应超过相应等级水准线路的最大长度。

光电测距三角高程测量可结合平面导线测量同时进行,测量方法请参阅本系列教材有关书籍。

①三角高程测量高差计算公式。

a. 用斜距计算高差

a)单向观测

$$\Delta h_{12} = S_{12} \sin V_{12} + \frac{S_{12}^2 \cos^2 V_{12}}{2R} + i_1 - l_2 \tag{2.1}$$

b)对向观测

$$\Delta h_{12} = \frac{S_{12} \sin V_{12} - S_{21} \sin V_{21}}{2} + \frac{1}{2}(i_1 + l_2) - \frac{1}{2}(i_2 + l_1) \tag{2.2}$$

b. 用水平距离计算高差

a)单向观测

$$\Delta h_{12} = D_{12} \tan V_{12} + \frac{1}{2R} D_{12}^2 + i_1 - l_2 \tag{2.3}$$

b)对向观测

$$\Delta h_{12} = D_{12} \frac{\tan V_{12} - \tan V_{21}}{2} + \frac{1}{2}(i_1 + l_2) - \frac{1}{2}(i_2 + l_1) \tag{2.4}$$

式中　Δh_{12}——点 1 至点 2 间的高差;

　　S_{12}——点 1 至点 2 间的斜距;

　　D_{12}——点 1 至点 2 间的水平距离;

　　V_{12}——点 1 至点 2 间的垂直角;

　　i_1、i_2——点 1、点 2 的仪器高;

　　l_1、l_2——点 1、点 2 的反射镜高;

　　R——地球平均曲率半径。

②注意事项

a. 仪器高和反射棱镜高应在测前、测后各测一次,两次互差不得超过 2 mm。

b. 距离应采用不低于Ⅱ级精度的测距仪观测,取位至 mm。导线点应作为高程转点,转点间的距离和竖直角应对向观测,并宜在同一气象条件下完成。

c. 测距时,应测定气温和气压。气温读至 0.5℃,气压读至 1.0 hPa,并在斜距中加入气象改正。

d. 竖直角采用中丝法测量,对向观测应符合表 2.3 的规定。竖直角不宜大于 20°,否则,应适当增加测回数,提高竖直角和距离的测量精度。

表 2.3 光电测距三角高程测量观测的主要技术要求

等级	仪器等级 (")	边长 (m)	观测方式	测距边测回数	垂直角测回数	指标差较差 (")	测回间垂直角较差 (")
三等	1	≤600	2 组对向观测	2	4	5	5
四等	2	≤800	对向观测	2	3	7	7
五等	2	≤1 000	对向观测	1	2	10	10

e. 计算高差时应考虑地球曲率的影响。

f. 当对向观测高差的较差满足表 2.4 的要求时,取对向观测高差的平均值作为两点间高差。

表 2.4 光电测距三角高程测量限差要求(mm)

测量等级	对向观测高差较差	附合或环线高差闭合差	检测已测测段的高差之差
三等	$\pm 25\sqrt{D}$	$\pm 12\sqrt{D}$	$\pm 20\sqrt{L_i}$
四等	$\pm 40\sqrt{D}$	$\pm 20\sqrt{D}$	$\pm 30\sqrt{L_i}$
五等	$\pm 60\sqrt{D}$	$\pm 30\sqrt{D}$	$\pm 40\sqrt{L_i}$

注:D 为测距边长,L_i 为测段间累计测距边长,以 km 计。

g. 光电测距三角高程测量观测时间的选择取决于成像是否稳定。但在日出、日落时,大气垂直折光系数变化较大,不宜进行边长观测。

h. 一组测量中,当对向观测高差较差超限时,应往返重测。重测的对向观测高差较差仍然超限,但往返测高差平均值与原往返测高差平均值之差小于各等级水准测量限差时,其结果取 2 次往返测高差平均值的平均值。

4. 地形测量

铁路线路初测阶段的地形测量是指测绘沿线带状地形图,作为纸上定线和初步设计的依据。

带状地形图测绘宽度应根据测区地形起伏的情况和设计要求确定。一般平坦地区为初测导线两侧 200～300 m,丘陵地区为初测导线两侧 150～200 m,山区可根据实际情况酌减。

带状地形图比例尺一般为 1:5 000,地形复杂地段为 1:2 000 或 1:1 000。

目前,铁路长大干线的地形测量全部采用摄影测量成图方法,对局部摄影范围以外的区域或支线、专用线的地形测量,可采用全站仪数字化测图、GPS RTK 数字化测图、经纬仪视距法等方法进行。使用航测地形图时,对地形图内容进行核对、修正以及补测等工作也要用到这些方法。具体的测量方法请参阅本系列教材有关书籍。

知识拓展——跨河水准测量

跨河水准测量是指为跨越超过一般水准测量视线长度的障碍物(江、河、湖泊、宽沟、洼地、山谷等)而采用特殊方法进行的水准测量。

跨河水准测量的方法有直接读尺法、光学测微法、经纬仪倾角法、测距三角高程法、GPS测量法等。

对于铁路五等水准测量,当视线长度不超过 300 m 时,跨河水准测量可采用一般观测方法(直接读尺法)观测一测回。

(1)跨河场地的选定与布设

跨河水准测量应选用测线附近水面较窄、土质坚实、便于设站的河段作为跨河场地,在河两岸设置固定的测站点和立尺点,并使测站点和立尺点构成平行四边形、等腰梯形或"Z"形等对称的图形,如图 2.4 所示。

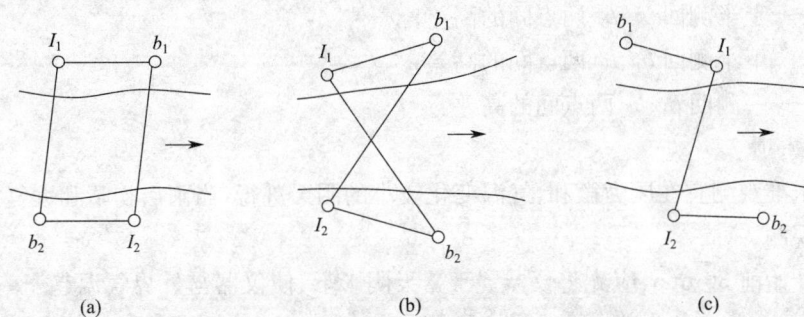

图 2.4　跨河水准测量示意图
(a)平行四边形;(b)等腰梯形;(c)"Z"形

设置测站点和立尺点时,水准仪视线不能通过草丛、干丘、沙滩的上方,并应尽可能有较高的高度,测站点和立尺点应尽量等高,当视线高度不能满足要求时,须埋设牢固的标尺桩,并建造稳固的观测台或标架。

(2)观测方法(直接读尺法)

如图 2.4 所示,直接读尺法一测回观测方法如下:

1)先在 I_1 与 b_1 的中间且与 I_1 及 b_1 等距的点上整平水准仪,用同一水准尺按一般操作规程,测定 $I_1 b_1$ 的高差 $h_{I_1 b_1}$。

2)移仪器于 I_1 点,精密整平仪器后,照准本岸 b_1 点上的水准尺,用中丝读水准尺基、辅分划读数各一次。

3)将仪器转向照准对岸 I_2 点上的水准尺,调焦后,即用胶布将调焦螺旋固定,用中丝读水准尺基、辅分划读数各两次。

4)在确保调焦螺旋不受触动的条件下,立即将仪器搬到对岸 I_2 点上,同时 b_1 点上的水准尺也移到 I_1 点上。待精密整平仪器后,首先照准对岸 I_1 点上的水准标尺,按 3)、2)、1)的反顺序及操作要求读数。

5）将仪器搬到 I_2 与 b_2 中间且等距的点上，按一般操作方法测定 I_2 与 b_2 的高差 $h_{I_2b_2}$。

以上观测过程称为一测回，其中，1）、2）、3）为上半测回观测，4）、5）为下半测回观测。

观测时，在测站上应变换仪器高度观测两次，两次高差之差不超过 9 mm 时，取两次结果的平均值作为测站高差。

（3）计算方法

1）上半测回高差

$$h_{b_1b_2} = h_{b_1I_2} + h_{I_2b_2} \tag{2.5}$$

2）下半测回高差

$$h_{b_2b_1} = h_{b_2I_1} + h_{I_1b_1} \tag{2.6}$$

3）一测回高差

当上半测回高差与下半测回高差之差小于或等于 $\pm30\sqrt{L}$ 时，取上半测回与下半测回高差的平均值作为 b_1、b_2 两点间的高差。

$$H_{b_1b_2} = \left(\frac{h_{b_1b_2} - h_{b_2b_1}}{2} \right) \tag{2.7}$$

式中　　$h_{b_1b_2}$——上半测回 b_1、b_2 两点间的高差；

　　　　$h_{b_2b_1}$——下半测回 b_1、b_2 两点间的高差；

　　　　$H_{b_1b_2}$——一测回 b_1、b_2 两点间的高差。

（4）注意事项

1）跨河水准观测宜在风力微和、气温变化较小的阴天进行；当雨后初晴和大气折射变化较大时均不宜观测。

2）观测开始前 30 min，应先将仪器置于露天阴影下，使仪器与外界气温趋于一致；观测时应遮蔽阳光。

3）晴天观测应在上午日出后 1 h 起至太阳中天前 1.5 h 止；下午自中天后 2 h 起至日落前 30 min 止。但可根据地区、季节、气候等情况适当变通。

4）阴天只要成像清晰、稳定即可进行观测。

5）有条件时，也可在夜间（日落后 1 h 起至日出前 1 h 止）进行观测。时间段以地方时零点分界，零点前为初夜，零点后为深夜。

6）水准标尺应尽量扶直扶稳，不应过度倾斜或者摆动。

7）一测回的观测完成后，应间歇 15～20 min 再开始下一测回的观测。

8）跨河水准观测开始前，应在两岸的普通水准标石（或固定点）与立尺点间进行一次往返测，作为检测立尺点有无变动的基准。每日工作开始前，均应单程检测一次，如确认立尺点变动，应加固立尺点，重新进行跨河水准观测。

相关规范、规程与标准

现将《铁路工程测量规范》（TB 10101—2009）的有关规定摘录如下。

1. 铁路线路各级平面控制网布网的技术要求见表 2.5。

表 2.5　各级平面控制网布网技术要求

等级	旅客列车设计行车速度(km/h)	测量方法	测量等级	点间距	备　注
CP0	200	GPS	—	50 km 左右一个	专门设计
	≤160				
CPⅠ	200	GPS	三等	≤4 km	点对间距≥800 m
	≤160		四等		
CPⅡ	200	GPS	四等	400~600 m	附(闭)合导线长度不超过 5 km
		导线	四等		
	≤160	GPS	五等		
		导线	一级		
CPⅢ	200	导线	一级	150~200 m	
	≤160	导线	二级	150~200 m	

注：当 CPⅡ 采用 GPS 测量时，CPⅠ 可 4 km 设一个点；当 CPⅡ 采用导线测量时，CPⅠ 的点间距为不超过 4 km 设一对相互通视的点。

2. 各等级高程控制网的技术要求见表 2.6。

表 2.6　高程控制网的技术要求

水准测量等级	每千米高差偶然中误差 M_Δ(mm)	每千米高差全中误差 M_W(mm)	附合路线或环线周长的长度(km)	
			附合路线长	环线周长
一等	≤0.45	≤1	—	≤1 600
二等	≤1	≤2	≤400	≤750
三等	≤3	≤6	≤150	≤200
四等	≤5	≤10	≤80	≤100
五等	≤7.5	≤15	≤30	≤30

表中，M_Δ 和 M_W 应按(2.8)、(2.9)式计算：

$$M_\Delta = \sqrt{\frac{1}{4n}\left[\frac{\Delta\Delta}{L}\right]} \tag{2.8}$$

$$M_W = \sqrt{\frac{1}{N}\left[\frac{WW}{L}\right]} \tag{2.9}$$

式中　Δ——测段往返高差不符值(mm)；

　　　L——测段长或环线长(km)；

　　　n——测段数；

　　　W——附合或环线闭合差(mm)；

　　　N——水准路线环数。

3. 各等级水准测量限差要求见表 2.7。

4. 水准测量的主要技术要求见表 2.8。

5. 各等级水准测量的观测方法见表 2.9。

表 2.7　水准测量限差要求

水准测量等级	测段、路线往返测高差不符值		测段、路线的左右路线高差不符值	附合路线或环线闭合差		检测已测测段高差之差
	平原	山区		平原	山区	
一等	\multicolumn{2}{c|}{$\pm1.8\sqrt{K}$}		\multicolumn{2}{c|}{$\pm2\sqrt{L}$}		$\pm3\sqrt{R_i}$
二等	$\pm4\sqrt{K}$	$\pm0.8\sqrt{n}$		\multicolumn{2}{c|}{$\pm\sqrt{L}$}		$\pm6\sqrt{R_i}$
三等	$\pm12\sqrt{K}$	$\pm2.4\sqrt{n}$	$\pm8\sqrt{K}$	$\pm12\sqrt{L}$	$\pm1.5\sqrt{L}$	$\pm20\sqrt{R_i}$
四等	$\pm20\sqrt{K}$	$\pm4\sqrt{n}$	$\pm14\sqrt{K}$	$\pm20\sqrt{L}$	$\pm25\sqrt{L}$	$\pm30\sqrt{R_i}$
五等	\multicolumn{2}{c|}{$\pm30\sqrt{K}$}	$\pm20\sqrt{K}$	\multicolumn{2}{c|}{$\pm30\sqrt{L}$}		$\pm40\sqrt{R_i}$

注：①K 为测段水准路线长度，单位为 km；L 为水准路线长度，单位为 km；R_i 为检测测段长度，以 km 计；n 为测段水准测量站数。

　　②当山区水准测量每 km 测站数≥25 站以上时，采用测站数计算高差测量限差。

表 2.8　水准测量的主要技术要求

等级	水准仪类别	水准尺类型	视距(m)		前后视距差(rn)		测段的前后视距累积差(m)		视线高度(m)		数字水准仪重复测量次数
			光学	数字	光学	数字	光学	数字	光学(下丝读数)	数字	
一等	DS05	因瓦	≤30	≥4且≤30	≤0.5	≤1.5	≤1.5	≤3.0	≥0.5	≤2.8且≥0.65	≥3 次
二等	DS1	因瓦	≤50	≥3且≤5	≤1.0	≤1.5	≤3.0	≤6.0	≥0.3	≤2.8且≥0.55	≥2 次
三等	DS1	因瓦	≤100	≤100	≤2.0	≤3.0	≤5.0	≤6.0	三丝能读数	≥0.35	≥1 次
三等	DS3	双面木尺单面条码	≤75	≤75	≤2.0	≤3.0	≤5.0	≤6.0	三丝能读数	≥0.35	≥1 次
四等	DS1	双面木尺单面条码	≤150	≤100	≤3.0	≤5.0	≤10.0	≤10.0	三丝能读数	≥0.35	≥1 次
四等	DS3	双面木尺单面条码	≤100	≤100	≤3.0	≤5.0	≤10.0	≤10.0	三丝能读数	≥0.35	≥1 次
五等	DS3	单面木尺单面条码	≤100	≤100	大致相等		中丝能读数		≥0.35		≥1 次

表 2.9　水准测量的观测方法

等级	观测方式		观测顺序
	与已知点联测	附合或环线	
一等	往返	往返	奇数站:后—前—前—后
			偶数站:前—后—后—前
二等	往返	往返	奇数站:后—前—前—后
			偶数站:前—后—后—前
三等	往返/左右路线	往返/左右路线	后—前—前—后
四等	往返/左右路线	往返/左右路线	后—后—前—前　或:后—前—前—后
五等	单程	单程	后—前

6. 水准测量的测站限差见表 2.10。

表 2.10 水准测量的测站限差（mm）

等级		基、辅分划[黑红面]读数之差	基、辅分划[黑红面]所测高差之差	检测间歇点高差之差	上下丝读数平均值与中丝读数之差
一等		0.3	0.4	0.7	3
二等		0.5	0.7	1	3
三等	光学测微法	1	1.5	3	—
	中丝读数法	2	3		—
四等		3	5	5	—
五等		4	7	—	—

注：数字水准仪观测，不受基、辅分划或黑、红面读数较差指标的限制，但测站两次观测的高差较差，应满足表中相应等级基、辅分划或黑、红面所测高差较差的限值。

7. 水准测量数据取位见表 2.11。

表 2.11 水准测量数据取位

等级	往(返)测距离总和 (km)	往(返)测距离中数 (km)	各测站高差 (mm)	往(返)测高差总和 (mm)	往(返)测高差中数 (mm)	高程 (mm)
一、二等	0.01	0.1	0.01	0.01	0.1	0.1
三、四等	0.01	0.1	0.1	0.1	0.1	1
五等	0.1	0.1	0.1	0.1	0.1	1

8. 全站仪数字化测图应符合下列规定：

(1)仪器对中误差不得大于 5 mm。仪器高和棱镜高应量至 0.01 m。

(2)数据采集开始前和结束后，应对后视点的距离和高程进行检核，距离较差不应大于图上 0.1 mm，高程较差不应大于 1/6 基本等高距。检测结果超限时，本站已测的碎部点必须重测。

(3)全站仪测图最大观测距离见表 2.12。

表 2.12 全站仪测图最大观测距离

测图比例尺	1∶500	1∶1 000	1∶2 000	1∶5 000	1∶10 000
观测距离(m)	240	350	600	900	1 200

(4)数据采集编码宜采用"地形码＋信息码"的形式，必要时现场绘制草图，标明点的连接关系。

9. GPS RTK 数字化测图应符合下列规定：

(1)求解转换参数的高等级控制点应均匀分布于周围，且数量不少于 4 个。

(2)数据采集开始前，宜检测 1 个以上不低于图根点精度的已知点。平面较差不应大于图上 0.2 mm，高程较差不应大于 1/5 基本等高距。

(3)根据测图比例尺的精度要求在 GPS 控制器上设置精度指标，当测点的精度满足精度指标时存储测量点成果。

(4)在测量记录各个点时，应输入测量点的属性(点号、代码)，必要时现场绘制草图，标明点的连接关系。

10. 特殊地区的标石埋设

应根据线路所在地区的土质、地质构造及区域沉降等因素,进行特殊地区的控制点埋设(如基岩点、深埋点等)。冻土地区标石底部应位于最大冻土深度线以下 0.3 m。

典型工作任务 2 铁路线路定测

2.2.1 工作任务

通过本任务的学习,主要承担以下工作任务:

1. 线路平面控制测量。

2. 线路高程控制测量。

3. 线路中线测量。

4. 线路纵断面测量。

5. 线路横断面测量。

2.2.2 相关配套知识

1. 线路平面控制测量

铁路线路定测方案确定后,应布设线路平面控制网(CPⅡ),以满足定测需要。

在基础平面控制网(CPⅠ)的基础上,沿线路附近布设的控制网,称为线路平面控制网(CPⅡ)。

线路平面控制网(CPⅡ)是勘测、施工阶段线路平面控制和轨道控制网起闭的基准。

(1)线路平面控制网(CPⅡ)的布设

CPⅡ控制点应沿线路布设,起闭于 CPⅠ控制点,点间距 400～600 m,距线路中心 50～200 m,宜设在线路同侧、稳定可靠、便于测量、不易被施工破坏的地方。

当旅客列车设计行车速度为 200 km/h 时,CPⅡ控制点应按图 2.2 的要求埋设标石;当旅客列车设计行车速度不大于 160 km/h 时,CPⅡ控制点应按图 2.5 的要求埋设标石。标石埋设后,应在混凝土的表面上注明线名、编号、单位等,并按照表 2.1 的格式做好点之记。

(2)线路平面控制网(CPⅡ)的测量

线路平面控制网(CPⅡ)可采用 GPS 测量或导线测量的方法施测。

当旅客列车设计行车速度为 200 km/h 时,线路平面控制网(CPⅡ)应按四等 GPS 网或四等导线测量的要求施测;当旅客列车设计行车速度不大于 160 km/h 时,线路平面控制网(CPⅡ)应按五等 GPS 网或一级导线测量的要求施测。

具体的测量方法请参考本系列教材的有关书籍。

1)GPS 测量

线路平面控制网(CPⅡ)采用 GPS 测量时,应注意下列问题:

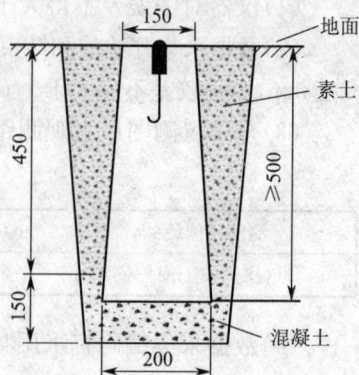

图 2.5 五等及以下平面控制点标石埋设图(单位:mm)

①线路平面控制网(CPⅡ)相邻控制点之间应通视,特别困难地区至少有一个通视点,以满足施工测量的需要。

②线路平面控制网(CPⅡ)应采用边联结方式构网,形成由三角形或四边形组成的带状网,并与CPⅠ控制点联测构成附合网。

③线路平面控制网(CPⅡ)宜与附近的已知水准点联测,一般10 km左右联测一个水准点,以求得CPⅡ控制点的高程。

④线路平面控制网(CPⅡ)应在线路起点、终点或与其他铁路平面控制网衔接地段,与其控制点联测,联测控制点数不应少于2个。

2)导线测量

线路平面控制网(CPⅡ)采用导线测量时,应注意下列问题:

①导线测量应起闭于CPⅠ控制点,附合长度不应大于5 km,平均边长400~600 m。当附合导线长度超过规定时,应布设成结点网形。结点与结点、结点与高级控制点之间的导线长度不应大于规定长度的0.7倍。

②CPⅡ导线应在线路起点、终点或与其他铁路平面控制网衔接地段,与其2个以上控制点联测。

③水平角观测应采用方向观测法。

④边长测量应采用全站仪或光电测距仪观测。

⑤导线内业计算应采用严密平差法平差,并应提供单位权中误差、测角中误差、点位中误差、边长相对中误差、点位误差椭圆参数和相对点位误差椭圆参数等精度评定数据。

2. 线路高程控制测量

铁路线路定测方案确定后,应沿线路进行三等或四等水准测量,作为线路水准点,以满足定测和施工的需要。

(1)水准点的布设

线路水准点应布设在距线路中线50~300 m的范围内,且土质坚实、安全僻静、观测方便和利于长期保存的地方,一般地段每隔2 km左右设置一个,并与国家水准点联测,形成附合水准路线或闭合环。在大型车站、长大桥梁、隧道等重点工程附近应增设水准点。

水准点可与CPⅠ、CPⅡ控制点共桩,共桩点应符合水准点的埋设要求。

(2)线路水准点高程测量

线路水准点高程测量又称为基平测量,可采用水准测量或光电测距三角高程测量的方法施测,具体的测量方法请参考本系列教材有关书籍。

旅客列车设计行车速度为200 km/h的线路,按照铁路三等高程测量的精度要求施测;旅客列车设计行车速度不大于160 km/h的线路,按照铁路四等水准测量的要求施测。

3. 线路中线测量

铁路线路中线测量是把在带状地形图上设计好的线路中线测设到地面上,并用木桩标定出来。

铁路线路中线测量可采用极坐标法、GPS-RTK法和拨角放线法施测。现阶段普遍采用全站仪或GPS-RTK进行中线测量。

采用全站仪极坐标法测设中桩时,可先根据设计资料计算中桩测量坐标并存储在全站仪内存中作为测设数据,也可在施工现场利用仪器的道路测设软件计算中桩坐标。测设时,将全站仪安置在CPⅠ或CPⅡ平面控制点,以相邻的CPⅠ或CPⅡ平面控制点为后视点,用全站仪的放样功能测设中桩位置并钉设木桩。

采用 GPS-RTK 法测设中桩时,可先根据设计资料计算中桩测量坐标并存储在手簿中作为测设数据,也可以在施工现场利用仪器的道路测设软件计算中桩坐标。测设时,利用 GPS-RTK 的放样功能逐点测设中桩位置并钉设木桩。

铁路线路直线上中桩间距不宜大于 50 m,曲线上中桩间距不宜大于 20 m。如地形平坦且曲线半径大于 800 m 时,圆曲线内的中桩间距可为 40 m。

铁路线路中线宜钉设公里桩、百米桩和加桩。

从线路起点开始,沿线路中线连续测量水平距离,在里程为整百米处钉设百米桩,在里程为整公里处钉设公里桩,在百米桩之间钉设加桩。

加桩应钉在整米处,需钉设加桩的地方是:

(1)沿中线方向纵横向地形变化处,地质不良地段变化处。

(2)线路与其他道路、管线、通信及电力线路等的交叉处。

(3)大型建筑工程地段,如隧道洞口、大中桥两端、小桥涵、挡土墙等建筑物处。

采用极坐标法、GPS-RTK 法进行铁路中线测量,测量误差不会积累。为了验证中线桩的可靠性,可在不同的平面控制点上测量中线桩的坐标,并与理论值进行比较。

铁路线路中桩桩位限差为:

$$纵向:\left(\frac{S}{2\ 000}+0.1\right)m(S\ 为相邻中桩间的距离,以米计);$$

$$横向:0.1\ m。$$

具体的测设方法请参考本系列教材的有关书籍和本书项目 1。

4. 线路纵断面测量

线路纵断面测量又称中平测量,是指测定线路中线里程桩的地面高程并绘制纵断面图。

线路中桩高程测量可采用光电测距三角高程测量、水准测量或 GPS-RTK 测量。具体的测量方法请参考本系列教材有关书籍和本书项目 1。

现阶段线路中桩高程测量普遍采用 GPS-RTK 方式,局部城市、林区、沟底等 GPS 信号不佳的地方,采用 GPS-RTK 方式设置 2 个控制桩,然后用全站仪测量。

线路中桩高程宜观测两次,两次测量结果的差值不应大于 0.1 m。

5. 线路横断面测量

(1)铁路线路横断面测量的密度

铁路线路横断面测量的密度,应根据地形、地质情况和设计需要确定,一般按线路中桩测绘,即测绘每个线路中桩处的横断面。此外,在曲线控制桩和线路纵、横向地形明显变化处应测绘横断面;在大中桥头、隧道洞口、挡土墙等重点工程地段及不良地质地段,应按专业设计要求布测。

(2)铁路线路横断面测量的宽度

铁路线路横断面测量的宽度应根据线路宽度、填挖高度、边坡大小、地形情况以及有关工程的特殊要求确定,此外,还应满足路基及排水设计的需要。

(3)铁路线路横断面测量的方法

铁路线路横断面测量应优先采用航测法,还可采用全站仪法、GPS-RTK 法、水准仪绳尺法、经纬仪绳尺法、经纬仪视距法等方法。现阶段横断面测量普遍采用全站仪测量,复杂地形段落采用 GPS-RTK 测量。

具体的测量方法请参考本系列教材有关书籍和本书项目 1。

(4)铁路线路横断面测量精度要求

1)采用航测法测量横断面时,应执行铁道部现行《铁路工程摄影测量规范》(TB 10050—2010)的规定,并进行现场核对。断面点距离限差为±0.3 m,高差限差为±0.35 m。

2)当采用全站仪法、GPS-RTK 法、水准仪绳尺法、经纬仪绳尺法、经纬仪视距法等方法时,其检测限差为:

$$高差:0.1\Big(\frac{L}{100}+\frac{h}{10}\Big)+0.2\text{ m};$$

$$距离:\frac{L}{100}+0.1\text{ m}。$$

式中　h——检测点至线路中桩的高差(m);

　　　L——检测点至线路中桩的水平距离(m)。

知识拓展——全站仪测量纵横断面

测量工作应遵循"内业指导外业,外业服从内业,内业尊重外业"的原则。

下面以南方测绘公司的 CASS 绘图软件为例,说明利用全站仪采集数据、计算机辅助成图测绘线路纵横断面的方法。

用 CASS 软件绘制断面图时,必须按以下方法定义坐标数据的格式:

　　　　　　总点数
　　　　　　点号,M_1,X 坐标,Y 坐标,高程
　　　　　　点号,1,X 坐标,Y 坐标,高程
　　　　　　……
　　　　　　点号,M_2,X 坐标,Y 坐标,高程
　　　　　　点号,2,X 坐标,Y 坐标,高程
　　　　　　……
　　　　　　点号,M_i,X 坐标,Y 坐标,高程
　　　　　　点号,i,X 坐标,Y 坐标,高程
　　　　　　……

在上述格式中:

M_i——道路中心点的编码,i 是横断面的编号,$i=1,2,3,\cdots\cdots$;

　i——第 i 个横断面上道路两侧的点的编码,与横断面的编号对应。

注意,M_1、M_2、M_3、$\cdots$、M_i 各点应按实际的道路中线点顺序排列,而同一横断面的各点可不按顺序排列。

为了满足 CASS 软件绘制断面图的要求,外业采集断面数据时,应按照内业绘图的要求进行,即给每一个断面编号,并按照软件绘图的要求输入编码。

按照上述要求采集数据后,即可用 CASS 软件绘制纵断面图和横断面图。具体的方法请参阅本系列教材有关书籍。

相关规范、规程与标准

现将《铁路工程测量规范》(TB 10101—2009)的有关规定摘录如下。

1. 线路高程控制网布设技术要求见表 2.13。

表 2.13　线路高程控制网布设技术要求

旅客列车设计行车速度(km/h)	测量等级	测量方法	点间距
200	三等	水准	≤2 km
		光电测距三角高程	
≤160	四等	水准	
		光电测距三角高程	

2. 导线测量的主要技术要求见表 2.14。

表 2.14　导线测量的主要技术要求

等级	测角中误差(″)	测距相对中误差	方位角闭合差(″)	导线全长相对闭合差	测回数			
					0.5″级仪器	1″级仪器	2″级仪器	6″级仪器
二等	1	1/250 000	±2.0$\sqrt{n}$	1/100 000	6	9	—	—
三等	1.8	1/150 000	±3.6$\sqrt{n}$	1/55 000	4	6	10	—
四等	2.5	1/100 000	±5$\sqrt{n}$	1/40 000	3	4	6	—
一级	4	1/50 000	±8$\sqrt{n}$	1/20 000	—	2	2	—
二级	7.5	1/25 000	±15$\sqrt{n}$	1/10 000	—	—	1	3

注:1. 表中 n 为测站数。
　　2. 当边长短于 500 m 时,二等边长中误差应小于 2.5 mm,三等边长中误差应小于 3.5 mm,四等、一级边长中误差应小于 5 mm,二级边长中误差应小于 7.5 mm。

3. 导线测量水平角观测宜采用方向观测法。

(1)水平角方向观测法的主要技术要求见表 2.15。

表 2.15　水平角方向观测法的主要技术要求

等级	仪器等级	半测回归零差(″)	一测回内各方向 2C 互差(″)	归零后同一方向值各测回较差(″)
四等及以上	0.5″级仪器	4	6	4
	1″级仪器	6	9	6
	2″级仪器	8	13	9
一级及以下	2″级仪器	12	18	12
	6″级仪器	18	—	24

注:当观测方向的垂直角超过 ±3° 的范围时,该方向 2C 互差可按相邻测回同方向进行比较,其值应满足表中一测回内各方向 2C 互差的限值。

(2)当观测方向数少于 3 个时,可不归零。

(3)当观测方向多于 6 个时,可进行分组观测。分组观测应包括两个共同方向(其中一个为共同零方向),共同方向两组观测角之差不应大于同等级测角中误差的 2 倍。分组观测的最后结果,应按等权分组观测进行测站平差。

(4)水平角观测应符合下列要求:

①各测回间应均匀配置度盘,采用全站仪或电子经纬仪时可不受此限制。

②观测应在通视良好、成像清晰稳定时进行。

③观测过程中,气泡中心位置偏离值不得超过 1 格;四等及以上等级的水平角观测,当观测方向的垂直角超过±3°的范围时,宜在测回间重新整置气泡位置。有垂直轴补偿器的仪器可不受此限制。

(5)水平角观测误差超限时,应在原来度盘位置上重测,并应符合下列规定:

①一测回内 2C 互差或同一方向值各测回较差超限时,应重测超限方向,并联测零方向。

②下半测回归零差或零方向的 2C 互差超限时,应重测该测回。

③若一测回中重测方向数超过总方向数的 1/3 时,应重测该测回。当重测的测回数超过总测回数的 1/3 时,应重测该测站。

4. 导线边长测量的有关规定

(1)导线相邻边长不宜相差过大,相邻边长之比不宜超过 1:3。

(2)导线边长测量应采用全站仪或光电测距仪观测,测距仪精度等级的划分见表 2.16。

表 2.16 测距仪的精度分级

精度等级	每千米测距标准偏差(mm)	精度等级	每千米测距标准偏差(mm)
I	$m_d \leqslant 2$	III	$5 < m_d \leqslant 10$
II	$2 < m_d \leqslant 5$	IV	$10 < m_d \leqslant 20$

注:表中 m_d 为测距仪出厂标称精度的绝对值归算到 1 km 的测距标准偏差。

(3)边长测量的技术要求见表 2.17。

表 2.17 边长测量技术要求

等级	测距仪精度等级	每边测回数		一测回读数较差限值	测回间较差限值
		往测	返测	(mm)	(mm)
二等	I	4	4	2	3
	II			5	7
三等	I	2	2	2	3
	II	4	4	5	7
四等	I	2	2	2	3
	II			5	7
	III	4	4	10	15
一级及以下	I	1	1	2	—
	II			5	—
	III	2	2	10	15
	IV			20	20

注:一测回是指全站仪盘左、盘右各测量一次的过程。

(4)边长往返观测平距较差应小于测距中误差的 2 倍。

(5)导线边长测量应进行气象改正和仪器常数改正。三等及以上导线测量应在测站和反射镜站分别测记,四等及以下导线测量可在测站进行测记。当导线边两端气象条件差异较大时,应在测站和反射镜站分别测记,取两端平均值进行气象改正。当测区平坦,气象条件差异不大时,四等及以下等级可记录上午和下午的平均气压、气温。气压、气温读数取位的规定见表2.18。

表 2.18 气压、气温度数取位要求

测量等级	干湿温度表(℃)	气压表(hPa)	测量等级	干湿温度表(℃)	气压表(hPa)
二等	0.2	0.5	四等	0.5	1
三等	0.2	0.5	一级及以下	1	2

5. 导线测量成果记录、整理和计算的有关规定

(1)一级及以上导线计算,应在方位角闭合差及导线全长相对闭合差满足要求后,采用严密平差法平差,并应提供单位权中误差、测角中误差、点位中误差、边长相对中误差、点位误差椭圆参数和相对点位误差椭圆参数等精度评定数据。二级导线可采用近似平差法平差。

(2)内业计算中数字取的规定见表2.19。

表 2.19 内业计算中数字取位要求

等级	观测方向值及各项改正数 (″)	边长观测值及各项改正数 (m)	边长与坐标 (m)	方位角 (″)
二等	0.01	0.000 1	0.000 1	0.01
三、四等,一级	0.1	0.001	0.001	0.1
二级	1	0.001	0.001	1

典型工作任务 3 铁路线路施工测量

2.3.1 工作任务

通过本任务的学习,主要承担以下工作任务。

1. 施工复测。

2. 路基施工测量。

3. 线下工程竣工测量。

4. 轨道施工测量。

5. 线路竣工测量。

2.3.2 相关配套知识

1. 测量成果和桩撅的交接

铁路线路施工前,施工单位应组织设计单位向施工单位移交测量成果资料和现场桩撅,并履行交接手续,监理单位应按有关规定参加交接工作。

(1)交接的主要测量成果资料

1)CPⅠ、CPⅡ控制点成果表及点之记。

2)水准点成果表及点之记。

3)测量平差计算表。

4)测量技术报告。

5)交点表、曲线表、逐桩坐标表、断高表、断链表。

(2)交接的桩橛

1)CPⅠ、CPⅡ控制桩。

2)水准点桩。

2. 施工复测

施工单位接桩后,应对 CPⅠ、CPⅡ控制点和水准点进行复测,并对复测结果进行检核。

铁路线路施工复测前应编写复测工作技术方案或技术大纲,检查标石的完好性,对丢失和破坏的标石应按原测量标准用同精度内插方法恢复或增补。

复测的方法应与原控制测量相同,测量精度等级不应低于原控制测量等级。

复测较差符合规定要求时,采用原测成果;复测较差超限时,应重新复测,并分析、确认采用成果。

当较差超限或需增补新点时,应在提交的复测成果中说明。

(1)CPⅠ、CPⅡ控制点复测

CPⅠ、CPⅡ控制点复测可采用 GPS 或导线测量的方法进行。

1)采用 GPS 法复测 CPⅠ、CPⅡ控制点,满足相应等级精度规定后,应进行复测与原测成果的分析比较,复测与原测相邻点间约束平差后三维或二维坐标差之差的相对精度按式(2.10)～式(2.13)计算。

$$\Delta X_{ij} = (X_j - X_i)_{复} - (X_j - X_i)_{原} \tag{2.10}$$

$$\Delta Y_{ij} = (Y_j - Y_i)_{复} - (Y_j - Y_i)_{原} \tag{2.11}$$

$$\Delta Z_{ij} = (Z_j - Z_i)_{复} - (Z_j - Z_i)_{原} \tag{2.12}$$

$$\frac{d_S}{S} = \frac{\sqrt{(\Delta X_{ij}^2 + \Delta Y_{ij}^2 + \Delta Z_{ij}^2)}}{S} \tag{2.13}$$

式中　$\dfrac{d_S}{S}$——相邻点间坐标差之差的相对精度;

S——相邻点间的二维平面距离或三维空间距离;

ΔX_{ij}、ΔY_{ij}——相邻点 i 与 j 间二维坐标差之差(mm);

ΔZ_{ij}——相邻点 i 与 j 间 Z 方向坐标差之差(mm),当只统计二维坐标差之差的相对精度时该值为零。

复测与原测相邻点间约束平差后三维或二维坐标差之差的相对精度应符合表 2.20 的规定。

表 2.20　复测相邻点间坐标差之差的相对精度限差

控制网等级	相邻点间坐标差之差的相对精度限差	控制网等级	相邻点间坐标差之差的相对精度限差
一等	1/180 000	四等	1/50 000
二等	1/130 000	五等	1/20 000
三等	1/80 000		

2)采用导线法复测 CPⅡ控制点,在满足相应等级精度规定后,应进行水平角、边长和平面点位较差的分析比较,较差应符合表 2.21 的规定。

表 2.21 导线复测较差的限差

控制网	等级	水平角较差限差(″)	边长较差限差(mm)	平面点位较差限差(mm)
CPⅡ	四等	7	$2\sqrt{2}m_D$	$2\sqrt{m_{原}^2 + m_{复}^2}$
	一级	11	$2\sqrt{2}m_D$	

注:1. m_D 为仪器标称精度。

2. $m_{原}$ 为原测平面点位中误差(mm)。

3. $m_{复}$ 为复测平面点位中误差(mm)。

(2)水准点复测

水准点间的复测高差与原测高差之较差应符合表 2.5 的规定。

(3)横断面复测

横断面复核的间距应根据地形情况和控制土石方数量的需要而定,填挖零点应测绘断面。测量精度和要求应符合横断面测量的规定。

3. 路基施工测量

路基施工测量主要包括路基边桩测设和路基边坡的测设。

(1)路基边桩测设

路基施工前,必须在地面上将设计路基的边坡线与原始地面的交点测设出来,并用木桩标定于地面,作为路基施工的依据,这些桩称为路基边桩。路基边桩的位置由两侧边桩至中桩的距离确定,边桩至中桩的距离与中桩原始地面高程、中桩设计高程以及原始地面的坡度有关。

常用的边桩测设方法有断面法、解析法、逐渐接近法、全站仪极坐标法或 GPS-RTK 法。

1)断面法

断面法又称图解法,是指在横断面设计图上直接量取中桩至边桩的水平距离,然后在实地沿横断面方向测量水平距离定出边桩的位置。

在横断面设计图上,每个地形横断面都绘制了原始地面线和设计路基边坡线。当横断面测量和绘图精度较高时,可以用断面法测设路基边桩。

2)解析法

解析法是指根据设计路基边坡坡度、线路中桩原始地面高程和设计高程计算路基边桩至中桩水平距离的方法。

解析法适用于原始地面较平坦的路基边桩测设。

①路堤

如图 2.6(a)所示,填方路基称为路堤。路堤边桩至中桩的水平距离可按式(2.14)计算。

$$D = \frac{B}{2} + mh \tag{2.14}$$

式中 D——路基边桩至中桩的水平距离;

B——路基设计宽度;

h——线路中桩填土高度或挖土深度;

m——路基边坡设计坡度分母值。

②路堑

如图 2.6(b)所示,挖方路基称为路堑。路堑边桩至中桩的水平距离可按式(2.15)计算。

$$D = \frac{B}{2} + S + mh \tag{2.15}$$

式中 S——路堑边沟设计顶宽,其他符号与式(2.14)相同。

式(2.14)、式(2.15)是直线段路基边桩至中桩水平距离的计算公式,如果横断面位于曲线上,按上述方法求出路基边桩至中桩的距离(D)后,还应考虑曲线加宽的影响,即在曲线内侧的 D 值中加上加宽值。

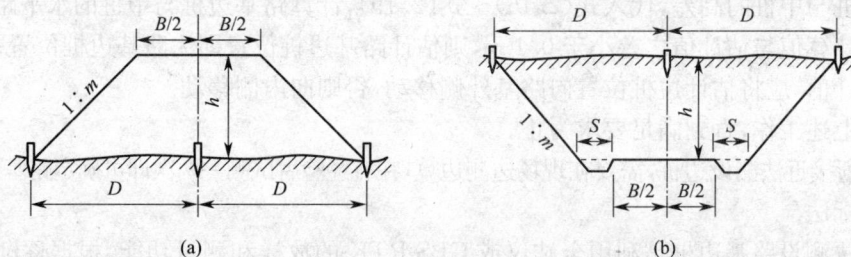

图 2.6 平坦地段路基边桩的测设

(a)路堤;(b)路堑

3)逐渐接近法

如图 2.7 所示,当地面坡度较大时,路基边桩至中桩的水平距离随地面坡度的变化而变化。

图 2.7 地面坡度较大的路基边桩的测设

(a)路堤;(b)路堑

如图 2.7(a)所示,路堤边桩至中桩的水平距离为:

$$D_S = \frac{B}{2} + m(h_Z - h_S) \qquad (2.16)$$

$$D_X = \frac{B}{2} + m(h_Z + h_X) \qquad (2.17)$$

如图 2.7(b)所示,路堑边桩至中桩的水平距离为:

$$D_S = \frac{B}{2} + S + m(h_Z + h_S) \qquad (2.18)$$

$$D_X = \frac{B}{2} + S + m(h_Z - h_X) \qquad (2.19)$$

式中 h_S——斜坡上侧边桩与中桩的高差;

h_Z——中桩处的填挖高度;

h_X——斜坡下侧边桩与中桩的高差;

D_S——斜坡上侧边桩与中桩的水平距离;

D_X——斜坡下侧边桩与中桩的水平距离。

在式(2.16)~式(2.19)中,B、S、h_Z 以及路基边坡坡度已知,路基边桩未定出之前,h_S、h_X 为未知数,所以无法计算边桩与中桩的水平距离。

在实际工作中,可采用逐渐接近法测设边桩。

首先参考路基横断面图并根据地面实际情况,估计边桩位置并标定于地面,然后在实地测出估计边桩与中桩的高差,代入式(2.16)~式(2.19),计算路基边桩与中桩的水平距离。

如果计算值与估计值之差小于 0.1 m,则估计路基边桩位置即为路基边桩位置;如果计算值大于估计值,应将估计边桩位置向路基外侧移动,否则向内侧移动。

重复上述工作,直到满足要求为止。

用逐渐接近法测设边桩,需要在现场边测边算,在有经验后试测一两次即可确定路基边桩位置。

4)坐标法

坐标法测设路基边桩是利用全站仪或 GPS-RTK 的放样和测量功能,根据逐渐接近法的原理测设路基边桩位置。

用坐标法测设路基边桩位置,测设前必须计算路基边桩的坐标,计算方法如下。

①在横断面图上量取路基中桩至边桩的水平距离

现阶段横断面测量普遍采用全站仪或 GPS-RTK 采集数据,计算机绘制数字横断面图。在数字横断面图上,可以利用软件的有关功能快速、准确地量取路基中桩至边桩的水平距离 D。当横断面位于曲线上时,需考虑曲线加宽对 D 值的影响。

②计算横断面方向的坐标方位角

a. 直线段路基横断面方向的坐标方位角计算

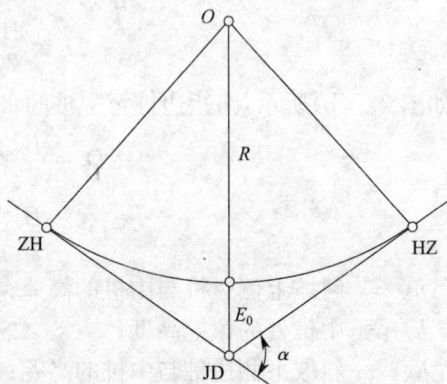

如图 2.8 所示,首先根据坐标反算原理利用直线上两点的坐标计算直线的坐标方位角(α_Z),然后根据坐标方位角的有关知识计算横断面方向的坐标方位角。

$$\alpha_{左}=\alpha_Z-90°$$
$$\alpha_{右}=\alpha_Z+90° \tag{2.20}$$

式中　α_Z——线路中线直线段坐标方位角;

　　　$\alpha_{左}$——线路中桩与左侧路基边桩连线的坐标方位角;

　　　$\alpha_{右}$——线路中桩与右侧路基边桩连线的坐标方位角。

b. 圆曲线段横断面方向坐标方位角计算

如图 2.9 所示,过直缓点的切线的坐标方位角(α_{ZH-JD})与直线段坐标方位角相同,同时交点(JD)坐标(x_{JD},y_{JD})可以在设计资料中找到。

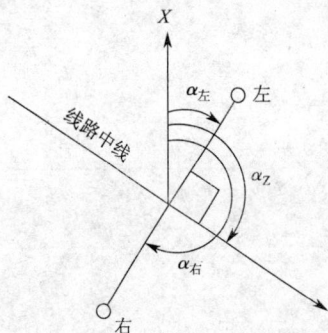

图 2.8　直线段横断面方向坐标方位角计算　　　　　图 2.9　圆曲线横断面坐标方位角计算

a)计算圆心坐标

交点与圆心连线的坐标方位角(α_{JD-O})为：

$$\alpha_{JD-O}=\alpha_{ZH-JD}\pm\left(\alpha+\frac{180°-\alpha}{2}\right)$$

$$=\alpha_{ZH-JD}\pm\left(90°+\frac{\alpha}{2}\right) \tag{2.21}$$

式中　α——曲线的转向角。

注：曲线左转时用"－"，曲线右转时用"＋"。

圆心 O 的坐标为：

$$x_O=x_{JD}+(R+E_0)\times\cos\alpha_{JD-O}$$

$$y_O=y_{JD}+(R+E_0)\times\sin\alpha_{JD-O} \tag{2.22}$$

b)计算横断面方向坐标方位角

根据圆曲线的几何特征，圆曲线上任意点的法线方向即为该点的横断面方向。根据坐标反坐原理，利用圆心坐标和中桩坐标即可计算横断面方向的坐标方位角。

c.缓和曲线段横断面方向坐标方位角计算

如图 2.10 所示，缓和曲线上任意点 i 的切线角(β_i)为：

$$\beta_i=\frac{l_i^2}{2Rl_0}\times\frac{180°}{\pi} \tag{2.23}$$

过 ZH 点的缓和曲线切线的坐标方位角(α_{ZH-JD})与直线段坐标方位角相同，则 i 点的法线坐标方位角为：

$$\alpha_{左}=\alpha_{ZH-JD}\pm\beta_i-90°$$

$$\alpha_{右}=\alpha_{ZH-JD}\pm\beta_i+90° \tag{2.24}$$

注意：曲线左转时用"－"，曲线右转时用"＋"。

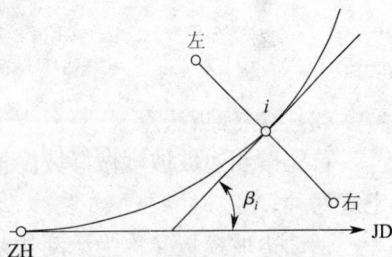

图 2.10　缓和曲线段横断面方向坐标方位角计算

③计算路基边桩坐标

线路中桩坐标(x,y)在中线测量时已经求得，路基边桩至中桩的水平距离也已经量出，根据坐标正算原理，路基边桩坐标为：

$$x_{左}=x+D_{左}\cos\alpha_{左}$$

$$y_{左}=y+D_{左}\sin\alpha_{左} \tag{2.25}$$

$$x_{右}=x+D_{右}\cos\alpha_{右}$$

$$y_{右}=y+D_{右}\sin\alpha_{右} \tag{2.26}$$

式中　$x_{左}$、$y_{左}$——路基左侧边桩的坐标；

　　　$x_{右}$、$y_{右}$——路基右侧边桩的坐标；

　　　$D_{左}$——路基左侧边桩至中桩的水平距离；

　　　$D_{右}$——路基右侧边桩至中桩的水平距离。

计算路基边桩坐标时，可以用电子表格(Excel)计算，也可用工程人员编制的计算软件(如轻松工程测量)计算，也可以用测量仪器的道路计算软件在现场边计算边测设。

④实地测设

实地测设路基边桩时，可以用全站仪或 GPS-RTK 进行。

如果横断面图有足够高的精度，而且实地测设时原始地面没有变化，则可以直接测设出边桩的准确位置，否则，应按照逐渐接近法调整路基边桩位置。

4. 路基边坡的测设

测设路基边桩后，为了使填、挖的边坡达到设计的坡度要求，还应把设计边坡在实地标定出来，以便于施工。常用的路基边坡测设方法有挂线法和边坡模板法。

(1)挂线法

如图2.11(a)所示，O 为中桩，A、B 为边桩，由中桩向两侧量出 $B/2$ 得 C、D 两点。在 C、D 处竖立标杆，于标杆上高度等于中桩填土高 h 的 C'、D' 处用绳索连接，同时由 C'、D' 用绳索连接到边桩 A、B 上，即给出路基边坡。当路堤填土较高时，可分层挂线，如图2.11(b)所示。

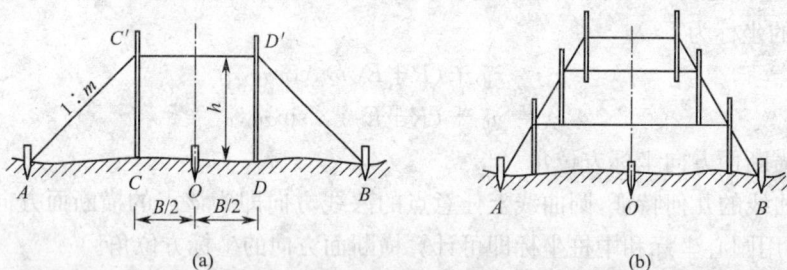

图 2.11　挂线法测设路基边坡
(a)挂线法测设路基边坡；(b)分层挂线测设路基边坡

(2)边坡模板法

首先按照边坡坡度做好坡度模板，施工时比照模板进行测设。坡度模版分为活动式和固定式两种。

活动边坡模板又称为活动边坡尺(带有水准器)，如图2.12(a)所示，当水准器气泡居中时，边坡尺的斜边所指示的坡度为设计边坡坡度，借此可指示与检查路堤边坡的填筑。

固定边坡模板如图2.12(b)所示，开挖路基时，在坡顶边桩外侧按设计坡度设置固定边坡模板，施工时可随时指示并检核边坡的开挖与修整。

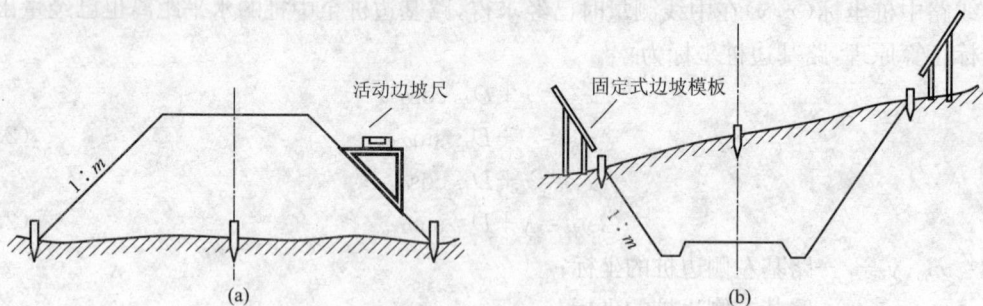

图 2.12　边坡模板法测设边坡
(a)活动式边坡模板；(b)固定式边坡模板

5. 线下工程竣工测量

线下工程竣工测量是指在线下工程竣工后、轨道铺设前，对线路中线、路基、桥涵、隧道等工程进行的测量工作。其主要目的是检核线下工程几何现状是否满足铺轨设计要求，同时贯通全线(段)的实际里程，拟合和调整铺轨设计线路。

(1)中线测量

线下工程竣工后，在铺设轨道前，应利用CPⅠ、CPⅡ控制点，贯通全线的里程并设置线路中线桩。

中线测量可采用全站仪或 GPS-RTK 进行。

线路中线桩的设置应满足编制竣工文件的需要。中线上应钉设百米桩、公里桩和加桩。直线上中线桩间距不宜大于 50 m，曲线上中线桩间距宜为 20 m。如地形平坦，曲线内的中线桩间距可为 40 m。在曲线起终点、变坡点、竖曲线起终点、立交桥中心、桥涵中心、大中桥台前及台尾、每跨梁的端部、隧道进出口、隧道内断面变化处、车站中心、道岔中心、支挡工程的起终点和中间变化点等处均应设置加桩。

中线桩应利用 CPⅡ控制点或施工加密控制点测设，中线桩桩位限差为：

纵向：$S/10\ 000+0.005$（S 为相邻中桩间的距离，以 m 计）

横向：± 20 mm

（2）高程测量

线下工程竣工后，在铺设轨道前，应利用线路水准点贯通全线的高程并进行线路中桩高程测量。

线下工程竣工后，沿线路每隔 1～2 km 设置一个水准点，并按规范要求作点之记。设置水准点时，可将线路水准点（含施工增设的水准点）按原测精度移设于接近线路的稳固建筑物或岩石上。无条件时，可单独埋设永久性水准点。

线路中线桩高程测量应起闭于线路水准点，中桩高程限差为 ± 20 mm。

（3）路基竣工测量

线下工程竣工后，在铺设轨道前，应进行路基横断面测量，以便检查路基宽度以及侧沟、天沟的深度和宽度。

横断面间距直线地段宜为 50 m，曲线地段宜为 20 m。

横断面竣工测量应利用线路中线采用全站仪或水准仪进行。路基横断面测点应包括线路中心线及各股道中心线、线间沟、路肩等。

路基竣工测量时，路基宽度不得小于设计宽度，侧沟、天沟的深度、宽度与设计值之差不得大于 5 cm，路堤护道宽度与设计值之差不得大于 10 cm。对不符合要求且误差超限者应进行修正。

路基竣工测量时，应根据用地界宽度埋设地界桩。在直线上每 200 m、曲线上每 40 m，缓和曲线起终点及地界宽度变化处的两侧用地界上均应埋设地界桩。

6. 轨道施工测量

（1）轨道控制网 CPⅢ

轨道工程施工前，应由施工单位建立轨道控制网 CPⅢ。

1）CPⅢ控制点的布设

CPⅢ控制点应沿线路每隔 150～200 m 布设一个，距线路中线 2.5～4 m。相邻点间必须相互通视，相邻点可在铁路线路同侧，也可按左右侧交替埋设，并兼顾施工及运营维护的要求。

CPⅢ平面控制点元器件采用工厂精加工元器件，观测标志应用不易生锈及腐蚀的金属材料制作，能够长期保存、不变形、体积小、结构简单、安装方便，标心为"＋"，标心清晰，对中误差满足小于 ± 1 mm。

在路基地段，CPⅢ控制点应埋设在接触网杆基座内侧方便架设全站仪的地方；在桥梁地段，CPⅢ控制点应设在挡砟墙避车台处挡砟墙顶端（避车台附近），安置强制对中器；在隧道地段，CPⅢ控制点应设在电缆槽顶安全稳固、不受干扰、便于保存的地方。

CPⅢ点号编排应按以下原则进行编号，×××CPⅢ01，×××CPⅢ02。"×××"为线路里程,如 K179 至 K180 段 1 km 范围内按里程增长方向,CPⅢ控制点编号可为 179CPⅢ01、179CPⅢ02……

CPⅢ控制点编号应清晰、明显地标在线路内侧,路基地段宜标绘于接触网杆,桥梁地段宜标绘于挡砟墙内侧标志正下方 0.2 m,隧道地段宜标绘于标志正上方 1.2 m。点号标志字号应采用统一规格字模,字高为 6 cm 的正楷字体刻绘,并用白色油漆抹底,红色油漆喷写编号。点号铭牌白色抹底规格为 40 cm×30 cm,红色油漆应注明 CPⅢ编号、工程线名简称、施测单位名简称。

2)CPⅢ控制点平面测量

CPⅢ控制点平面测量宜采用附合导线方式构网,每 400～800 m 联测一次高等级 CPⅠ或 CPⅡ点,每 4 km 左右进行一次方向闭合。可根据施工需要分段测量,分段测量长度不宜小于 8 km,重叠区段不应少于 2 个 CPⅢ控制点。

旅客列车设计行车速度为 200 km/h 的线路,应按一级导线的要求施测;旅客列车设计行车速度不大于 160 km/h 的线路,应按二级导线的要求施测。

3)CPⅢ控制点高程测量

旅客列车设计行车速度为 200 km/h 的线路,应按四等水准测量的要求施测;旅客列车设计行车速度不大于 160 km/h 的线路,应按五等水准测量的要求施测。

数据处理应采用严密平差的方法进行。

CPⅢ控制网高程测量技术要求见表 2.22。

表 2.22　CPⅢ控制网高程测量技术要求

旅客列车设计行车速度(km/h)	测量等级	相邻点高差限差
200	四等	$\pm 20\sqrt{L}$
≤160	五等	$\pm 30\sqrt{L}$

(2)铺轨前,应根据 CPⅢ控制点进行线路中线、道岔定位测量。

中线测量限差为:

纵向:$S/10\ 000 + 0.005$(S 为相邻中桩间的距离,以 m 计);

横向:± 10 mm。

道岔定位测量测设值与设计值较差的限差为:

距离:± 4 mm;

高差:± 4 mm。

(3)铺轨测量

1)直线段

在直线段应利用 CPⅢ控制点控制钢轨的平面位置和高程。

对于旅客列车设计行车速度为 200 km/h 的线路,点位横向误差的限差为每 150 m 不超过 10 mm;对于旅客列车设计行车速度为 160 km/h 及以下的线路,点位横向误差的限差为每 100 m 不超过 10 mm。

2)曲线段

在曲线段应利用 CPⅢ控制点和加密基标控制钢轨的平面位置和高程。

加密基标是在 CPⅢ控制点间每隔 60 m 左右按照 CPⅢ的要求设置的铺轨控制点,应按 CPⅢ的精度要求测量其坐标和高程。此外,在曲线控制点、变坡点以及竖曲线起终点处应设加密基标。

3）竖曲线

在竖曲线里程范围内，轨面高程应利用移设于线路附近的水准点为基准，按表 2.23 规定的等级进行控制。

竖曲线高程测量可采用水准中视法测量，并应在一个测站上完成整个竖曲线的测量。

表 2.23　轨面高程水准测量精度要求

旅客列车设计行车速度	水准测量等级
$v=200$ km/h	四等
$v \leqslant 160$ km/h	五等

在竖曲线里程范围内，每隔 5 m 计算一个设计高程。测设时，直线以左轨、曲线以内轨为基准线，在钢轨上每 5 m 标注一个里程点，然后用水准仪调整轨面高程。

竖曲线范围内里程点的高程与设计值之差应小于 ±3 mm。

7. 线路竣工测量

线路竣工测量应包括线路中线竣工测量、线路纵断面竣工测量、轨道铺设竣工测量和线路竣工地形图测量。

（1）线路中线竣工测量

线路中线竣工测量应利用 CPⅢ控制点对轨道中线进行测量。中线桩的设置应满足编制竣工文件的需要，直线地段宜每 25 m 设 1 个桩，曲线上宜每 10 m 设 1 个桩。曲线五大桩、变坡点、竖曲线起终点、立交桥中心、桥涵中心、大中桥台前及台尾、每跨梁的端部、隧道进出口、隧道内断面变化处、车站中心、道岔中心、支挡工程的起终点和中间变化点等处均应设置加桩。测量精度应满足线路中线桩测量的要求。

（2）线路纵断面竣工测量

线路纵断面竣工测量应利用线路水准点，按表 2.22 规定的精度对各中线桩对应的轨道顶面高程进行测量。

（3）轨道铺设竣工测量

在线路锁定后，应采用轨道尺对轨道与 CPⅢ的几何关系和轨距进行测量。直线段应测量右股钢轨至 CPⅢ的距离、右股钢轨的高程以及两股钢轨间的轨距和水平，曲线段还应测量两股钢轨的加宽量和外轨对内轨的超高量。轨道静态平顺度应符合相关标准的规定。测量中误差为允许偏差的 1/2。

道岔区的竣工测量应以 CPⅢ为依据分别测量轨道的位置、距离和高程，并测量轨距。道岔岔心里程允许偏差不应大于 ±15 mm，轨顶全长范围内高低差应小于 4 mm。

（4）线路竣工地形图测量

线路竣工地形图测量范围应为铁路用地界外 50 m，地形图比例尺为 1∶2 000，宜采用线路施工平面图进行修测。

（5）全线竣工后，施工单位应向运营管理单位交接下列资料

1）线路竣工平、纵、横断面图。

2）构筑物竣工图。

3）轨道静态几何状态竣工测量表。

4）路基表、桥涵表、隧道表、车站表等。

5）各种测量资料、桩橛：

①测量资料主要包括 CPⅠ点、CPⅡ点、水准点、CPⅢ点测量成果表及点之记，测量技术报告等。

②桩撅应包括CPⅠ点、CPⅡ点、水准点、CPⅢ点等。

🔑 知识拓展——平面简化法计算圆曲线形竖曲线

当竖曲线的半径较小时,用近似法计算竖曲线高程误差较大,当需要精确计算竖曲线高程时,可采用平面简化法进行计算。下面简要介绍用平面简化法计算圆曲线形竖曲线的方法。

图2.13所示为凸形竖曲线,两相邻坡段的坡度分别为i_1、i_2。以里程为X轴,高程为Y轴,建立平面直角坐标系,令ZY点的里程为ZY点的X坐标(x_{ZY}),ZY点的高程为ZY点的Y坐标(y_{ZY})。

1. 计算圆心坐标

如图2.13所示,根据几何关系可得圆心坐标为:

$$x_O = x_{ZY} + R\sin\alpha$$

$$y_O = y_{ZY} - R\cos\alpha$$

式中 $\alpha = \arctan i_1$。

2. 计算竖曲线高程

如图2.13所示,P为竖曲线上任意一点,其里程即为该点的X坐标(x_P),其高程即为该点的Y坐标(y_P)。根据圆曲线特性可知:

$$(x_P - x_O)^2 + (y_P - y_O)^2 = R^2$$

则

$$y_P = y_O + \sqrt{R^2 - (x_P - x_O)^2}$$

对于凹形竖曲线:

$$y_P = y_O - \sqrt{R^2 - (x_P - x_O)^2}$$

图 2.13 圆曲线形竖曲线

计算时,以竖曲线起点为起算点,一次性将整段竖曲线上任意里程的高程算出,已知的竖曲线终点高程可作为计算终点的闭合值。

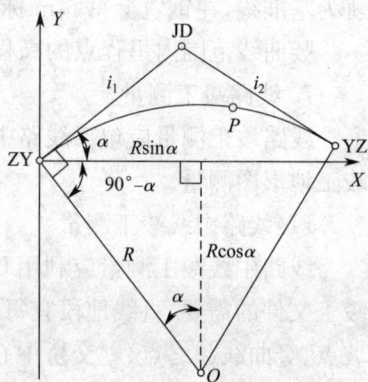

🏺 项目小结

本项目主要讲述了铁路工程在勘察设计、施工建设阶段所进行的测量工作,主要内容包括平面控制测量、高程控制测量、地形测量、中线测量、线路水准点高程测量、纵断面测量、横断面测量、施工复测、路基施工测量、轨道施工测量等。测量过程中用到的水准测量、导线测量、全站仪放样、GPS测量等测量方法,请参阅本系列教材的其他书籍。

📖 复习思考题

1. 铁路线路初测的工作任务是什么? 主要包括哪些内容?
2. 什么是"三网合一"?
3. 铁路工程线路平面控制测量包括哪几个等级?

4. 铁路工程测量中,什么叫框架平面控制网?什么叫基础平面控制网?什么叫线路平面控制网?什么叫轨道控制网?

5. 铁路线路定测的工作任务是什么?主要包括哪些内容?

6. 什么是铁路线路中线测量?常用的铁路线路中线测量方法有哪些?

7. 铁路工程地形图测绘的方法主要有哪些?

8. 铁路线路横断面测量方法主要有哪些?

9. 铁路工程施工前,设计单位与建设单位交接桩的主要内容是什么?

10. 铁路施工复测主要包括哪些内容?

11. 路基边桩测设主要有哪几种方法?

12. 某铁路曲线资料见表 2.24。

表 2.24　曲线资料

点号	半径 (m)	转向角 (° ′ ″)	曲线转向	缓和曲线长 l_0(m)	里程	坐标	
						x	y
起点					DK0+000	27 165.438	135 624.709
JD$_1$	500	12　22　30	右	50	DK2+542.571	25 893.174	137 826.075

利用表 2.25 给出的横断面资料,计算路基边桩坐标。

表 2.25　横断面资料

桩号	中桩坐标(m)		边桩至中桩水平距离(m)		备注
	X	Y	左侧	右侧	
DK2+400	29 083.227	137 067.652	25	30	直线段
DK2+493.344	25 814.698	137 804.325	25	30	第一段缓和曲线
DK2+560	25 777.005	137 859.244	25	30	圆曲线
DK2+591.336	25 756.892	137 883.268	25	30	第二段缓和曲线

13. 简述线下工程竣工测量的主要内容。

14. 简述线路竣工测量的主要内容。

项目 3　铁路既有线和既有站场测量

项目描述

既有铁路线路测量是对既有线路状况作详细地测绘与调查，为改建及增建第二线的技术设计提供翔实的资料。此外，定期地进行既有线测量，其测绘资料是日常运营管理以及线路正常维修、养护和特殊情况下线路修复的重要依据。本项目主要介绍既有线测量和既有站场测量。

拟实现的教学目标

1. 能力目标
● 能够识读既有线路、既有站场施工图纸；
● 能够进行既有线路纵向丈量、中线平面测量和既有站场线路平面测量。

2. 知识目标
● 掌握既有线路与既有站场测量的主要内容；
● 掌握既有站场站内曲线平面测绘方法；
● 了解基线的类型和布设原则。

3. 素质目标
● 培养严谨工作、实事求是的工作态度；
● 养成独立思考、分析和解决问题的习惯；
● 具有吃苦耐劳、团结协作的优良品质。

相关案例——铁路既有线发展概况

铁路既有线提速是目前我国铁路发展的主要方向之一，它可缓解我国铁路运输紧张状况，提高铁路客、货运输效率。随着我国铁路网主骨架和客运专线网的逐步形成，既有线改建工程正逐步成为我国铁路建设的重要组成部分，既有铁路改建工程已开始逐步超过客运专线。

为实现 2020 年铁路网发展目标，《中长期铁路网规划》中指出，要加强既有路网技术改造和枢纽建设，提高路网既有通道能力，规划既有线增建二线 1.9×10^4 km，既有线电气化 2.5×10^4 km。

1. 在建设客运专线、完善路网布局和西部开发性新线的基础上，对既有线进行扩能改造，在大同（含蒙西地区）、神府、太原（含晋南地区）、晋东南、陕西、贵州、河南、兖州、两淮、黑龙江东部等十个煤炭外运基地和新疆地区，形成大能力煤运通道。重点强化"三西"地区煤炭下海和铁路直达中南、华东内陆地区通道，以及新疆地区煤炭外运通道等。

2. 结合客运专线、完善路网布局和西部开发性新线的建设，对"五纵五横"综合运输大通道内既有铁路干线进行复线建设和电气化改造。

3. 按照综合交通枢纽布局和城市发展规划,加强主要客货枢纽建设,注重与城市轨道交通等公交系统以及公路、民航和港口等其他交通方式的衔接,实现旅客运输"零距离换乘"、货物换装"无缝衔接"和交通运输一体化。以北京、上海、广州、郑州、武汉、西安、重庆、成都等枢纽为重点,调整编组站,改造客运站,建设机车车辆检修基地,完善枢纽结构,使铁路点线能力协调发展。

4. 建设集装箱中心站,改造集装箱运输集中的线路,开行双层集装箱列车。

典型工作任务 1　既有线测量

3.1.1　工作任务

通过既有线路测量知识的学习,主要能够承担以下工作任务:

1. 能够对既有线路进行纵向丈量及横向测绘;
2. 能够对既有线中线进行平面测量。

3.1.2　相关配套知识

既有铁路线路测量的内容主要有:线路纵向丈量、横向调绘、水准测量、横断面测量、线路平面测绘、地形测绘、站场测绘及绕行线定测等。

1. 既有线的纵向丈量及调绘

线路纵向丈量,又称百米标纵向丈量或里程丈量。它是沿既有线丈量,定出公里标、百米标及加标,作为勘测设计和施工的里程依据。公里标、百米标及加标统称里程桩。

(1)量距

线路里程丈量的起点应在《设计任务书》中规定。一般是从附近的车站、桥梁中心或隧道进出口及其他永久性建筑物中心的既有里程引出,并应与附近的公里标里程核对,而且应与既有线文件上的里程取得一致,按原里程递增方向连续推算。其"断链"位置应在车站、大型建筑物、曲线以外的直线百米标上。

丈量时,双线地段的里程宜沿下行线测量,当里程按上行线延伸时,也可沿上行线测量。沿下行线测量时,并行地段的上行线里程应对应下行线里程(按下行线投影里程)。非并行地段应单独测量。断链宜设在百米标处,困难时可设在以 10 m 为单位的加标处,不应设在车站、桥梁、隧道等建筑物和曲线范围内。

车站内的里程丈量,应沿正线进行。当车站为鸳鸯股道布设时,应从车站中心转入另一线连续丈量,并推算里程,如车站中心在曲线上时,应改在直线上换股,如图 3.1 所示。

支线、专用线、联络线等应以联轨道岔中心为里程起点。

距离丈量可以采用下列三种方法:

1)沿轨道中心丈量

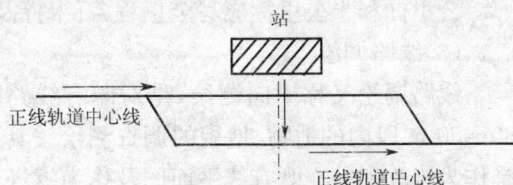

图 3.1　鸳鸯股道丈量示意图

在起点里程处定出线路中心,作为里程及百米标丈量起点。前、后尺手各用一根轨道分中尺放在钢轨上,将钢尺置于轨道尺中心进行丈量。每丈量一尺段,应用红铅笔标划在枕木上或平稳的道砟上,并用白粉笔划圈,在枕木上注明公里标、百米标、加标字样,以供后尺手识别。

此法因质量能得到保证,故用得较多。但因在轨道中心工作,特别要注意人身安全。

2）直线上沿钢轨顶丈量,曲线上沿轨道中心丈量

在平道上采用沿轨顶丈量的方法,比较简单、方便,但在有较大坡道上(10‰以上)丈量时,要注意保持钢尺水平;曲线地段仍用轨道分中尺移到轨道中心丈量。

此法简单,能保证质量,但要注意安全。

3）沿路肩丈量距离

沿路肩丈量距离,必须与钢轨保持一定的相等距离,但遇到桥梁、隧道、曲线时,应用放桩尺移到轨道中心进行丈量,过了此段之后,再移到路肩上进行丈量,并另有专人用放桩尺将所有公里标、百米标及加标移到钢轨上。

对有轨道电路的既有线,采用此种方法在路肩上丈量不影响列车运行,且能保证人身安全,也能满足质量要求;但遇桥、隧、曲线等要移上移下,稍嫌不便,且易增加测量误差。

量距采用的钢卷尺应经检定或与检定过的钢卷尺比长,也可与全站仪或电磁波测距仪所测距离比长,尺长相对误差大于 1/10 000 时,应在测距时改正。采用钢卷尺量距时,尺长还应加入温度改正值。丈量一般应由两组人员各拿一根钢卷尺独立进行,每公里核对一次,当两组丈量结果的相对较差小于 1/2 000 时,则以第一组丈量的里程为准,同时应与既有桥梁、隧道、车站等建筑物的里程核对,并在记录本上注明其差数。

线路设有轨道电路时,里程丈量应采取绝缘措施。

(2)里程桩的标记

对里程进行丈量时,应设公里标、半公里标、百米标和加标。曲线范围内每 20 m 设一加桩,加桩里程应为 20 m 的整倍数。除此之外,应在下列地点增设加标。

① 桥梁中心、大中桥的桥台挡砟墙前缘和台尾、隧道进出口、车站中心、进站信号机和远方信号机等。取位至厘米。

② 涵渠、渡槽、平交道口、跨线桥、坡度标,跨越铁路的电力线、通信线、地下管线等中心,新型轨下基础、站台、路基防护、支挡工程等的起、终点和中间变化点。取位至分米。

③ 地形变化处、路堤和路堑边坡的最高和最低处,路堤路堑交界处、路基宽度变化处、路基病害等地段。取位至米。

拟设加标处最好在里程丈量之前派人预先确认,并用粉笔在钢轨腰部注明名称,以便记录。

线路里程的位置,包括公里标、百米标和加标,均应用白油漆标记,直线地段在左侧钢轨(面向下行方向分左右)外侧的腰部划竖线;曲线范围内(包括曲线起终点 40～80 m)的内外股钢轨的外侧腰部,均应划竖线。

公里标和半公里标应写全里程,百米标及加标可不写公里数,如图 3.2 所示。

(3)线路调绘

线路调绘又称横向测绘,是对既有线路两侧 30～50 m 以内的地物、地貌的调查测绘。其目的是作为修改和补充既有线平面图及作为拆迁建筑物、路基加宽、路基防护、排水系统布置、土方调配以及第二线左右侧选择等意见的依据。

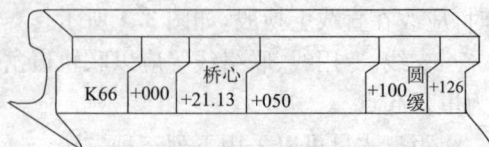

图 3.2　钢轨上的线路标记

调绘时,以纵向里程为纵坐标、横向距离为横坐标,用支距法进行测绘;测绘比例尺为 1∶2 000 或 1∶1 000;测绘结果必须在现场按比例描绘在记录本上。

根据纵向丈量记录,先在室内将所测地段的百米标、加标,自下而上抄录在记录本中的中线右侧 1 cm 以内,以中线左右各 1 cm 宽度绘一直线表示路肩线,路肩上的各种标志,如公里

标、坡度标、信号机等,测绘在中线左侧 1 cm 之内。测绘时,一人用方向架瞄准施测点,两人用皮尺以附近桩号为准,量出该点的纵向里程;再以中线为准量出横向距离。绘图时横向距离一般减去 3 m,以路肩线为零点,向两侧按比例绘图。在 30 m 以外的地物、地貌可用目估测绘。

在记录本上应测绘的内容包括:

① 路堤坡脚线、路堑边坡顶、取土坑、弃土堆、排水沟等。

② 公路、房屋、电杆、河流、水塘等。

③ 挡墙、桥涵、隧道洞口、平交道和立交桥等。道路和河流与线路相交时,要测出交角。

④ 通信线、电力线跨过线路时,要测出交角和在轨道面以上的高度。

⑤ 对有拆迁可能的建筑物要详细测绘。

⑥ 对第二线左右侧的意见。

线路调绘记录格式如图 3.3 所示。

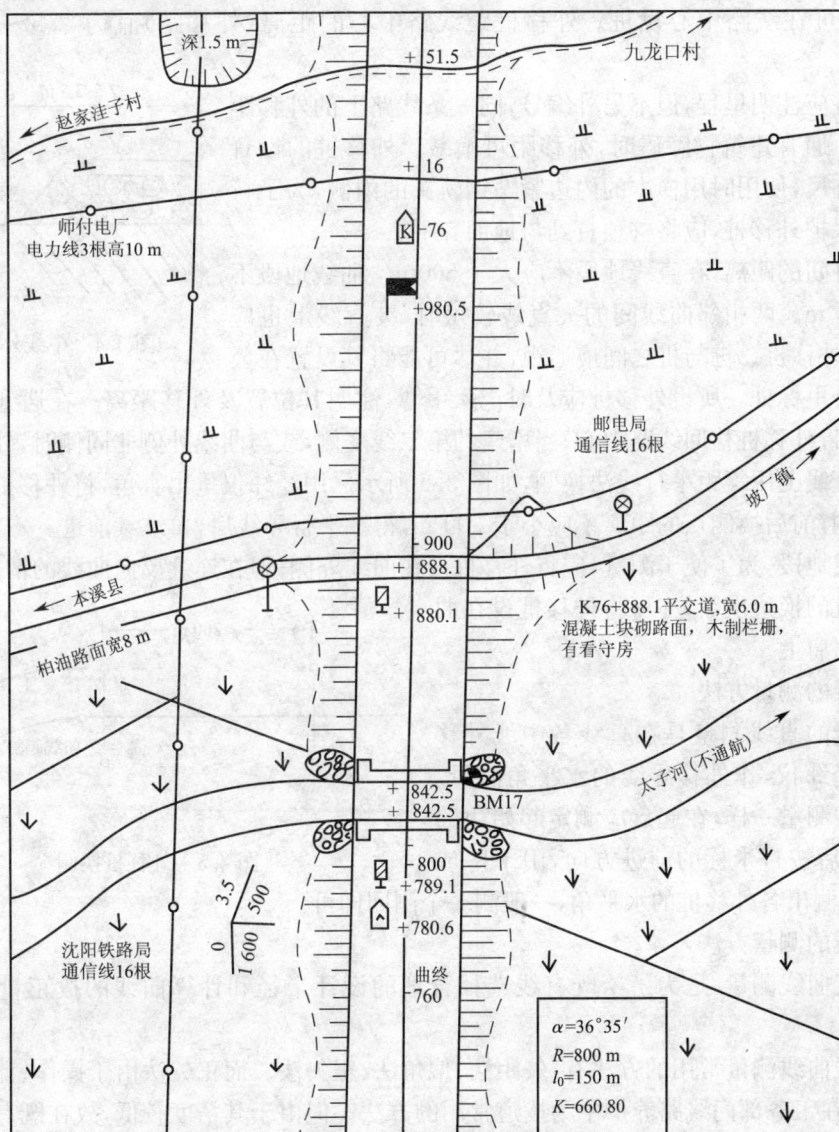

图 3.3　百米标记录格式

2. 既有线中线平面测量

既有铁路在长期运营过程中,由于受到列车的冲击,使线路位置和形状发生变化,尤其曲线部分更是如此。为此,首先应把既有线路的现状测绘出来,以便更新选择半径和计算拨正量,使线路恢复到较佳状态。

(1)线路中线测量方法

1)线路中线外移桩的设置

在运营线上进行线路中线测量,为了保证人身和行车安全,以及固定测绘成果便于据此进行施工,常将中线平行外移到路肩上,并用桩加以标定,这些标桩称"中线外移桩"。这样,中线测量工作可在路肩上进行。

外移桩在直线地段宜设在百米标处左侧路肩上,曲线地段宜设在百米标处的外侧路肩上,双线曲线地段设在曲线外侧,在两线之间时,可移设至曲线内侧。在大桥与隧道地段无法设置外移桩时,可在线路中心设桩。外移桩距线路中心的距离(外移距)宜为 2.5~3.5 m,如图 3.4 所示。

外移桩应注明里程,但不另外编号;同一条线路上的外移距宜为等值。遇有建筑物障碍时,外移距可增减。外移桩的设置可利用放桩尺,使用时用横木的内边紧贴钢轨头的内侧,为了行人安全和保护外移桩,应将桩顶打到与地面齐平。

外移桩间的距离,在直线地段不应大于 500 m,曲线地段不应大于 200 m。两相邻曲线间的夹直线较短时,夹直线上也应有 1~2 个外移桩。桩与桩之间应通视,并尽可能将其设置在公

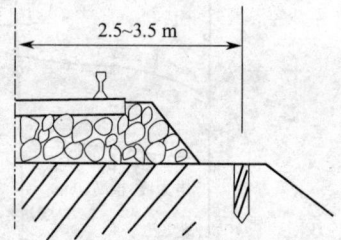

图 3.4　中线外移桩

里标或半公里标处。所设外移桩应及时记入手簿,注明其位置及外移距离。在遇到特大桥及隧道时,应将外移桩移回线路中心;当增建的第二线变侧,或与曲线外侧非同侧时,外移桩需在曲线前的直线上用等距平行线法换侧,如图 3.5 所示。用经纬仪量出直角,将外移桩移到线路中心或对侧,前后换侧点的距离不应小于 200 m,得一平行导线后,再继续前进。

在曲线地段,为了便于测量,应将外移桩设在曲线外侧;但在连续反向曲线的情况下,为了减少外移桩的换边次数,亦可将外移桩设在曲线内侧的路肩上。

2)直线的测量方法

既有线的直线测量是在直线各中线外移桩上安置经纬仪,作外移导线的水平角测量。同新线导线测量一样,在起点应测定起始边的方位角,然后按百米标的前进方向,用 DJ$_6$ 或 DJ$_2$ 经纬仪测出各外移桩的水平角,一般测一个测回即可。

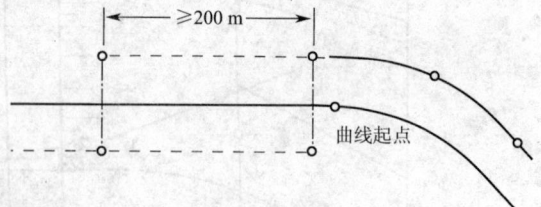

图 3.5　外移桩换侧

3)曲线的测量方法

既有线曲线测量,是为了给既有线选择合理的设计半径和计算曲线的拨正量提供平面资料。

既有线曲线测量常用的方法有:矢距法、偏角法、正矢法。而正矢法由于操作、计算简便易于掌握,故在工务部门线路养护中为拨道常用的方法。但由于其精度较低,故在既有线改建和增建第二线的勘测中很少使用,在此仅介绍矢距法和偏角法。

① 矢距法

用矢距法测量曲线是利用曲线上的外移导线进行的。相邻外移桩的连线称照准线,利用它来测量曲线上每 20 m 点的矢距值,测各外移桩的转向角,同时测若干个大转向角作为检核之用。

如图 3.6(a)所示,从曲线测量起点的外移桩 I 开始,依次在外移桩 I、II、III、……上安置经纬仪,测出各段曲线的转向角 φ_1、φ_2、……;并读出曲线上每隔 20 m 的点从线路中心到照准线的垂距 C_i,则矢距 $f_i = C_0 - C_i$,C_0 为外移桩离线路中线的距离。

曲线测量的一般步骤是:

a. 置经纬仪于曲起点 I,后视直线上一点 A,前视 II 点,用测回法测量转向角 φ_1,见表 3.1 中的 1、2、3、6、7、9 栏。

b. 重新照准 II 点,读出照准线上矢距尺在 I～II 点间对应的曲线上各 20 m 之 C 值(尺的零点位于轨头中心,如图 3.6(b)所示,记入测绘记录手簿的前视栏中(表 3.1 中的第 11 栏),表中 C 值系矢距尺零位置于钢轨中心至照准线的距离。

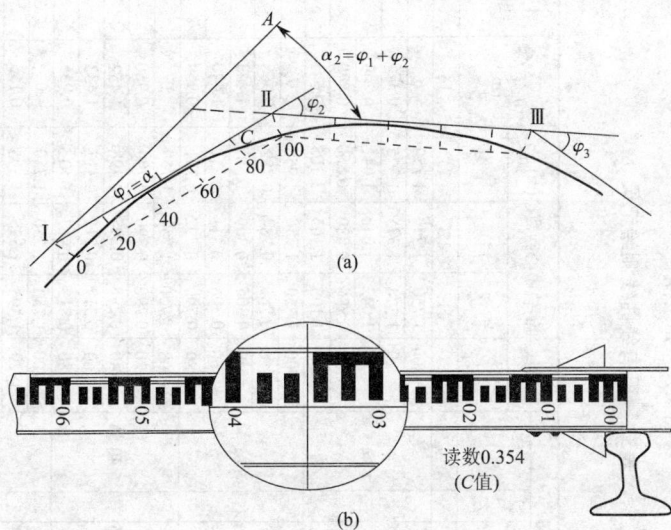

图 3.6　矢距法测量曲线

c. 在 II 点置镜,后视 I 点,读出 II～I 点间之各 C 值,记入后视栏(第 12 栏)中。前后所测之 C 值不超过 5 mm 时取平均值。量测转向角 φ_2。照准 III 点,读取 II～III 点间各 20 m 点的前视 C 值。

d. 重复以上工作,直至终点。

e. 为了校核转向角 φ,应同时量测大转向角 Φ,如图 3.7 所示。各分转向角总和与大转向角总和之差,即是角度闭合差 $\Delta\beta$。

$$\Delta\beta = \sum\varphi - \sum\Phi \tag{3.1}$$

《测规》规定角度闭合差的容许值 $\Delta\beta_{容}$ 为

$$\Delta\beta_{容} = \pm 30\sqrt{n}\ ('') \tag{3.2}$$

式中　n——置镜点数。

角度闭合差在限差以内时,以各分转向角之和作为曲线的转向角角值。

测量曲线上各转向角时,应符合表 3.2 的要求。

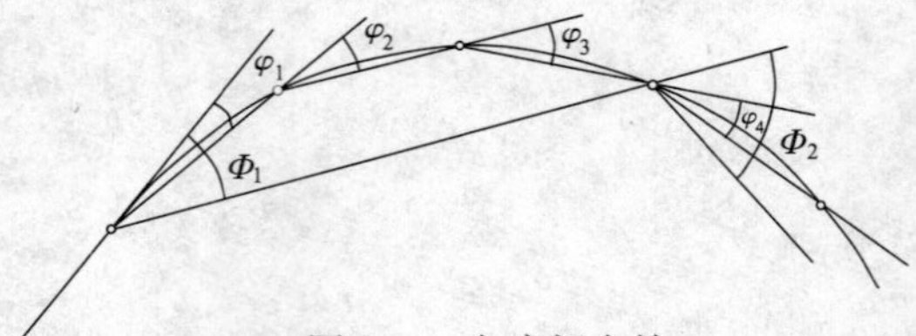

图 3.7　角度闭合差

表3.1　既有线曲线测绘记录

区 间_____　里 程_____

日 期_____　气 候_____

上承/下接 第　册 第　页

点的名称 置镜点	点的名称 观测点	读数 游标 I (° ′ ″)	读数 游标 II (″)	读数 平均	角度转向角 右角 (° ′ ″)	角度转向角 平均 (° ′ ″)	右左	(° ′ ″)	照准线到钢轨中心距离C(m) 百米标和加标	前视	后视	平均	矢矩f (m)	A-f照准线到线路中心间距离(m)	备　注
1	2	3	4	5	6	7	8	9	10	11	12	13	14	15	16
51+800	51+600	279 48 05			178 55 15				51+800	1.750	1.750	1.750	0	2.500	外移距A=2.500 m(置镜点)
	51+900	100 52 50							20	1.374	1.375	1.375	0.375	2.125	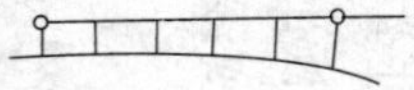
						178 55 07	右	1 04 53	40	1.042	1.040	1.041	0.709	1.791	
	51+600	346 58 22			178 54 58				60	0.880	0.880	0.880	0.870	1.630	
	51+900	168 03 24							80	1.105	1.105	1.105	0.645	1.855	
51+900	51+800	173 57 11			173 57 11				51+900	1.750	1.750	1.750	0	2.500	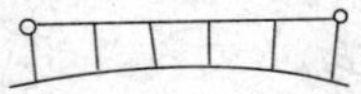
	52+000	0 00 00							20	0.780	0.784	0.782	0.968	1.532	
						173 57 16	右	6 02 44	40	0.305	0.309	0.307	1.443	1.057	
	51+900	53 52 10			173 57 20				60	0.308	0.311	0.310	1.440	1.066	
	52+000	244 54 50							80	0.790	0.792	0.791	0.959	1.541	
52+000	51+900	60 25 39			173 10 00				52+000	1.750	1.750	1.750	0	2.500	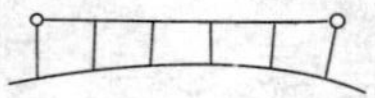
	52+100	247 25 29							20	0.790	0.790	0.790	0.960	1.540	
						173 10 05	右	6 49 55	40	0.298	0.298	0.298	1.452	1.048	
	51+900	114 51 54			173 10 10				60	0.317	0.317	0.317	1.433	1.067	
	52+100	301 11 44							80	0.813	0.817	0.815	0.935	1.565	
52+100	52+000	105 43 43			175 50 38				52+100	1.750	1.750	1.750	0	2.500	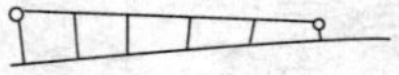
	52+200	289 53 05							20	1.595	1.595	1.595	0.155	2.345	
						175 50 38	右	4 09 22	40	1.622	1.621	1.622	0.128	2.372	
	52+000	162 18 54			175 50 38				60	1.650	1.649	1.650	0.100	2.400	
	52+200	346 28 16							80	1.705	1.647	1.701	0.049	2.451	
52+200	52+100	219 37 46			179 53 58				52+200	1.750	1.750	1.750	0	2.500	
	52+400	39 43 38													
						179 54 06	右	0 05 54							
	52+100	263 04 20			179 54 14										
	52+400	83 10 06													

表 3.2　测角要求及角值限差

仪器等级	测回数	两半测回间较差(″)	两测回间较差(″)
J₂	1	20	
J₆	2	30	20

②偏角法

用偏角法测量既有线曲线的方法基本上与测设新线曲线的方法相同,仅是目的不同。

如图 3.8 所示,既有线曲线的偏角 i,是根据已知曲线间的长度(一般是 20 m)和测点的实际位置量测出来的。测量曲线偏角时,应在 ZH(HZ)附近 20 m 标上安置经纬仪,相邻两置镜点间的距离不应大于表 3.3 中的规定。

图 3.8 中Ⅰ、Ⅱ、……为曲线的外移桩,分别在其上置镜,测出前进方向每 20 m 曲线点的偏角(如 $i_{Ⅱ-1}$、$i_{Ⅱ-2}$ 等)。每个偏角应测一个测回,上下半测回角值之差在 30″以内时取平均值。置镜点间各大偏角的测角要求及大偏角之和与总偏角之和的角度闭合差的限差要求同矢距法测量。

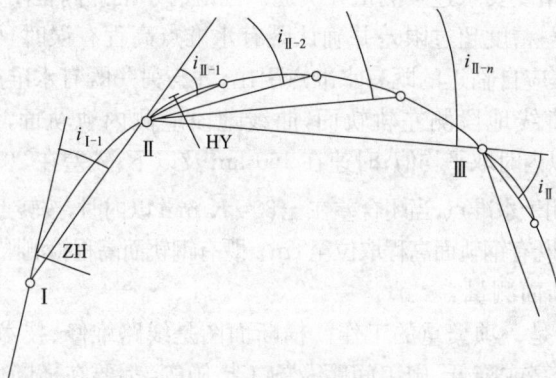

图 3.8　偏角法测量曲线

表 3.3　偏角法测量曲线相邻置镜点间距离(m)

曲线半径(m)	相邻两置镜点间距离(m)	
	有缓和曲线地段	圆曲线地段
250~350	140	300
350~500	180	
500~800	240	
800 以上	300	

在外移桩上量测偏角时,用放线尺定出测点的外移位置;沿轨道中心进行时,用轨道丁字尺把置镜点和每 20 m 的测点,从左轨引到线路中心点;沿外轨面进行时,用特制小木块定出测点(钢轨中心)位置。

3. 既有线路的高程测量

既有线高程测量,首先要核对或补设沿线既有水准点,然后对既有线所有中桩(百米标及加标)沿钢轨轨面进行高程测量,作为纵断面设计的依据。

水准点高程测量和中桩高程测量宜分开进行,不宜同时兼做。先做水准点高程测量工作,后做中桩高程测量。

　　既有线高程应采用国家高程系统。如个别地段有困难，可引用其他独立高程系统，但在全线高程测量连通后，应消除断高，换算成国家高程系统。

　　(1)核对和补设水准点

　　既有水准点的编号和高程，一般应以既有线的资料为准，现场核对、确认，不但要求里程、位置相符，而且水准点的注记也要清晰易于辨认，否则按水准点遗失或损坏处理，应重新设点并另外编号、注记以资区别。

　　当既有水准点遗失、损坏或水准点间的距离大于 2 km 时，应补设水准点；在大桥桥头、隧道口、车站等处无水准点时应补设水准点，并另行编号。补设水准点应设在坚固稳定的建筑物上，亦可按《铁路工程测量规范》的规定埋设水准点。

　　(2)测量方法与精度

　　水准点高程测量采取一组往返测量自行闭合或两组单程测量相互闭合的方法进行，其较差与既有水准点的高程允许闭合差为 $\pm 30\sqrt{K}$ mm(K 为单向水准路线长度，以 km 计)，任何一组(次)测量闭合差超限，均须返工重测。当改建铁路利用既有铁路水准基点时，既有水准点高程应按确定的水准测量等级精度要求连续测量并贯通。当既有水准点高程闭合差符合水准测量精度要求时，应采用原有高程；精度超过限差并确认既有水准点高程有误时，可更改原有高程。补设或增设的水准点，其高程应自临近的既有水准点引出，并与另一既有水准点联测闭合。

　　中桩高程测量时，直线地段测左轨轨面，曲线地段应测内轨轨面，并应测量两次，时速在 200 km，较差在 10 mm 以内时取平均值；时速在 160 km 及以下，较差在 20 mm 以内时以第一次为准。中桩高程路线应起闭于水准点，当闭合差在 $\pm 30\sqrt{K}$ mm 以内时，按转点个数平差后推算中桩高程，转点高程取位至 mm，既有钢轨面高程取位至 cm。既有钢轨面高程检测限差不应大于 20 mm。

　　4. 既有线路的横断面测量

　　既有线横断面测量是一项繁重的工作。横断面图是线路维修、技术改造时的设计、施工的重要依据；拨道、道床抬高或降低、施工间距及施工措施等，都要在横断面图上考虑。在线路维修或改建时，要考虑到限界的要求，因此，对既有线的建筑物及设备的位置、高程等，在测量横断面时均应详细测绘、记录，所以它比新线横断面测量要求精度高。

　　(1)横断面位置与测绘宽度

　　既有线百米标、线路纵横向地形变化处、路堤(路堑)的最高(深)点、填挖分界零断面处、土石分界点、桥台桥尾和隧道进出口、挡土墙、护坡、路基病害地段、路基宽度变化处以及线间距变化控制点，均应测绘横断面。横断面每百米不应少于 3 个。

　　横断面测绘宽度除以满足设计要求为原则外，一般尚应满足以下要求：从既有线正线中心向两侧测绘，应测到最后一个路基设备(如取土坑、排水沟、防雪、防沙设备等)以外 5 m，如拟修建第二线，则应为第二线一侧 20 m；但离开路基坡脚或路堑边线不应小于 20 m。

　　(2)横断面测绘方法

　　横断面测量可采用水准仪皮尺、经纬仪视距、光电测距等方法。断面宜在现场点绘；当采用全站仪自动记录时，亦可室内绘图或计算机成图，特殊点位和符号应现场标注在草图上。

　　横断面的方向可用方向架或经纬仪测定。

　　横断面测绘中的距离可用钢尺或皮尺丈量。距离应自轨道中心起算，为了便于丈量，可自轨头内侧开始量起，以 0.72 m(半个轨距)为起点；曲线上内轨有加宽，所以应从外轨的内侧量起，丈量曲线内侧的距离时应扣除 0.72 m。

　　测点高程一般用水准仪测定，在每个断面上根据轨面高程求出其他点的高程，对于深堑高堤和山坡陡峻的断面,可用经纬仪斜距法、水准仪斜距法、断面仪进行测绘,但路肩及其以上的测点仍应用水准仪测定。

（3）横断面测量精度

线路两侧的砟肩、砟脚、侧沟、平台、路基边坡变化点、路堤坡脚及路堑堑顶等均应测点,距离、高程均取位至 cm。

既有线横断面测量检测限差应符合如下规定:

1）在路堤的路肩、路堑的侧沟平台以内时,高程限差应为 ±5 cm,距离限差应为 ±10 cm。

2）在路堤的路肩、路堑的侧沟平台以外时,高程限差 d_h 及明显地物点的距离限差 d_l,不应超过下列公式的计算值:

$$d_h = \pm\left(\frac{l}{1\,000} + \frac{h}{100} + 0.2\right) \tag{3.3}$$

$$d_l = \pm\left(\frac{l}{100} + 0.1\right) \tag{3.4}$$

式中　h——检查点至线路中桩的高差,取绝对值（m）；

　　　l——检查点至线路中桩的水平距离（m）。

横断面图的比例尺应为 1∶200,特殊情况下可用 1∶100 或 1∶500。

图 3.9 为区间线路横断面示意图,其中,（a）为路堑横断面；（b）为路堤横断面。

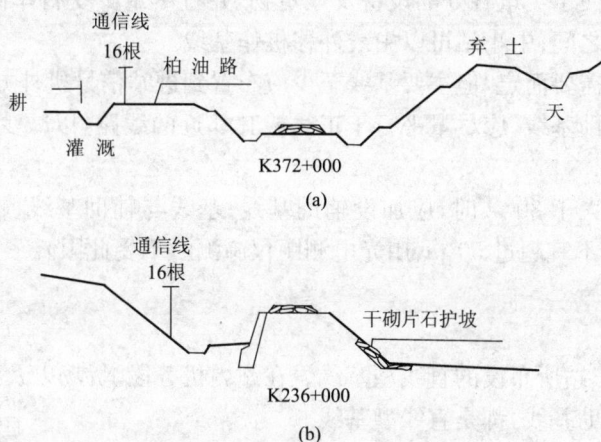

图 3.9　既有线横断面测量

典型工作任务 2　既有站场测量

3.2.1　工作任务

通过既有站场测量知识的学习,主要能够承担以下工作任务。

1. 了解基线的类型、设置原则和基线的测设方法；

2. 能够进行既有站场线路平面测量。

3.2.2　相关配套知识

既有线的站场测量资料是车站改建设计的依据。既有线站场测量的特点是地物多、面积大、车站作业与测量工作相互干扰的矛盾尤为突出、测量要求精度高,与既有线路测量相比,难度和复杂性就要大得多。尤其在大的枢纽作站场测绘,采用传统的方法几乎是不可能的,必须结合具体的测量点,采用不同的作业方法。

在既有站场测量工作开始之前,要先作好测区资料的收集及准备工作,如线路或站场总平面图、曲线要素、坐标系统、高程系统以及测量标志的点之记等,了解车站作业状况、车流密度等,并应与地方、工业厂矿取得联系,以求得配合与支持。

既有线站场测量范围一般包括:纵向到车站两端进站信号机以外 50 m;横向到站场两侧最外股道以外 100 m。如果这个范围仍不能包括站场所有附属股道及设施,或不能满足站场改建、扩建的要求,则应根据实际情况和具体要求确定测量范围。

既有站场测绘内容,视车站类型及要求而有所不同,主要包括:纵向丈量、基线测设、横向测绘、道岔测量、站内线路平面测量,站场导线测量、地形测绘、高程测量及横断面测量等。其中纵向丈量、横向测绘、高程测量和横断面测绘与区间线路测量大同小异。此节主要介绍基线测设、道岔测量、站场线路平面测量及横断面和地形测绘。

1. 站场基线测设

基线是站场平面测绘、车站改建或扩建设计时计算道岔和各种建筑物坐标的依据,同时也是施工时标定各种设备的基础。因此,基线的布置应满足测量、设计与施工的需要。

(1)基线布设原则

1)基线的布设要便于丈量各处的设备及建筑物,并且尽量少受行车的干扰。一般应将基线设在正线与到发线之间;中小站可以中线外移桩作基线。

2)基线长度可视需要而定,但主要基线至少应布置到进站信号机外方终止。

3)主要基线与辅助基线,应尽量平行于正线或其邻近的线路,以减少计算工作量;控制点间距宜为 100～300 m。

4)站场测绘宽度大于 30 m 时,应加设辅助基线;基线与辅助基线、辅助基线之间的距离以 30 m 为宜,但最大不宜超过 50 m(用光电测距仪施测时不受此限)。

(2)基线类型

1)直线型基线

图 3.10 为直线车站所布设的直线型基线。在站内机务段、货场以及到发线、编组场等处,沿直线股道布设的辅助基线,都是直线型基线。

2)折线型基线

车站设在曲线上,一般应采用折线型基线布置,如图 3.11、图 3.12 所示。

3)综合型基线

大型车站规模大、建筑物及设备多,为满足测

图 3.10 直线型基线

量、施工的需要,一般采用主基线、辅助基线与站场导线配合的综合形式布置,如图 3.13 所示。

(3)基线坐标系与基线测设方法

1)基线坐标系

由于站场平面测绘一般都采用平面坐标系,故通常采用平行于正线股道的基线为 x 轴;以通过车站中心、垂直于 x 轴的方向作为 y 轴;以两轴的交点作为坐标原点。为了测绘方便,一个车站里可以采用几种坐标,但彼此之间应有一定的联系。

2)基线的测设方法

① 确定基线的形式和位置。

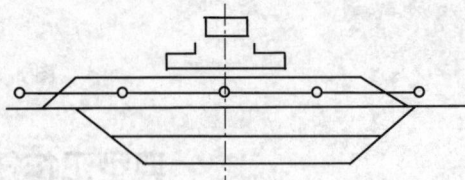

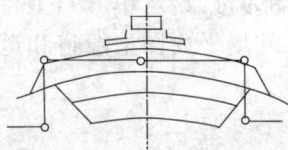

图 3.11　折线型基线(一)　　　　　　　图 3.12　折线型基线(二)

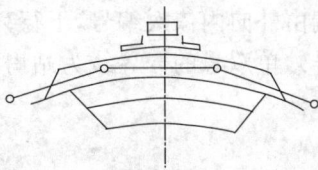

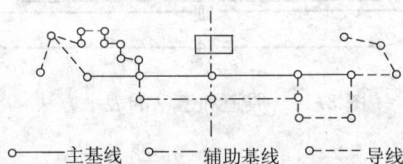

○——主基线　　○---辅助基线　　○---导线

图 3.13　综合型基线

直线型基线可在车站范围内,按正线与到发线的线间距定出几个分中点,并对这些分中点进行检查和调整,使它们处在一条与正线平行的直线上,这条直线的位置即可作为基线的位置。布设折线型基线和综合型基线时,为了便于坐标计算,一般应使车站的中心线与基线的一条边垂直,在道岔区则应尽量使基线与正线平行。布设基线桩时,最好使基线桩的位置与正线上的百米标对应。

② 确定基线的坐标原点。

应根据车站中心确定基线的坐标原点。当站房为对称式时,车站中心一般为站房中心,站房为非对称式时,一般以运转室中心为车站的中心。测量前应与车站和工务部门联系,找出车站的原有中心和有关资料并实地核对。无资料时则需重新测定车站中心。从车站中心引直线与正线垂直,则该直线与基线的交点就是坐标原点。

③ 按已拟定的基线类型布设基线,测量转折角、丈量基线长度等。

测量方法与新线勘测中的导线测量方法相同。站内布设的辅助基线,均应与主要基线相联系,组成基线控制网。

基线原点应埋设永久基线桩标志,基线丈量中要钉设百米标,并用白油漆标记在相应的轨道上。

(4)基线设置精度

桩间距离用检定过的钢尺往返丈量两次,相对较差不大于 1/2 000 时,取平均值;基线桩的方向要用正倒镜分中确定;基线网的角度测量方法和精度要求与线路测量相同,角度闭合差允许值为 $\pm 30'' \sqrt{n}$(n 为测角数);全长的相对闭合差应不超过 1/4 000。在限差以内时,将闭合差调整,角度闭合差按置镜点数平均分配;边长闭合差可按坐标增量或边长比例分配。

2. 道岔测量

道岔是列车由一股道驶入另一股道时的关键设备。根据搜集到的站内道岔资料,应到现场逐个核对道岔号数,并测定道岔的中心。

(1)股道和道岔的表示方法

在站场平面图上,一般用股道和道岔的中心线表示它们的位置,并应在图上注明它们的编号。股道编号的方法是:从靠近站房的股道起,向远离站房的方向顺序编号,其中正线的编号在图上用罗马数字标注,其余股道的编号则用阿拉伯数字标注。道岔的编号方法是：从车站两端由外向内依次编号，下行列车进站一端为奇数号（单号），上行列车进站一端为偶数号（双号），单双号的分界线为站房的中心线。站场平面图上股道和道岔的表示方法如图 3.14 所示。

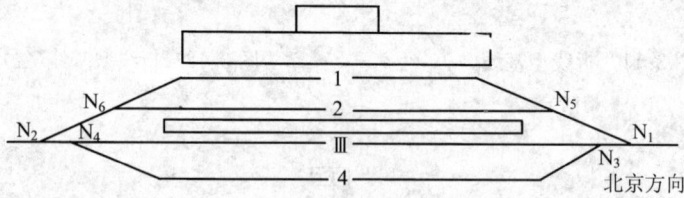

图 3.14　股道和道岔的表示方法

（2）道岔号数的测定

道岔号是辙叉角的余切，一般采用下列两种方法测定：

1）步量法

如图 3.15 所示，在辙叉上找出和步量者脚长相等处，然后用脚量至理论叉尖处，所量的脚数即为该道岔的号数。如图中所量为 6 倍脚长，即为 6 号道岔，此法在现场经常使用。

2）丈量法

如图 3.16 所示，在辙叉上找出宽 1 dm 和 2 dm 处的位置，丈量出间距为 L dm，则 L 的 dm 数即为其道岔号数。

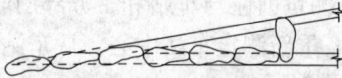

图 3.15　步量法测定道岔号

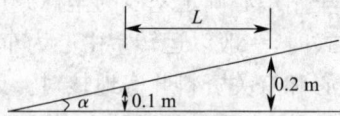

图 3.16　丈量法测定道岔号

（3）测定道岔中心

在站场平面图上，道岔的位置是由道岔中心的位置表示的，施工时可根据道岔中心点安设道岔。道岔中心又称岔心，是指道岔所联系的两条线路中心线的交点，它在实地并无标记，因此，要测定道岔的位置首先应在实地标出道岔中心的位置。

标定岔心的方法，根据道岔类型可分为以下两种方法：

1）直接丈量法

若为单开道岔，可以用钢尺直接量出道岔中心位置。如图 3.17 所示，在道岔表中可以查出道岔理论辙叉尖端到岔心的距离 b_0。若没有现成资料，可用轨距（1 435 mm）乘以道岔号数，近似地确定 b_0'。如 12 号道岔，$b_0 = 17\ 250$ mm，$b_0' = 17\ 220$ mm。

2）交点法

对于曲线道岔（图 3.18）、对称道岔（图 3.19）、复式交分道岔（图 3.20）等道岔的岔心钉设，应采用交点法。先在尖轨附近的直线部分钉出其线路中心，即图中"○"代表线路中心点；然后在辙叉附近钉出侧线线路中心点，用经纬仪延长两中心线得到的交点即为道岔中心点，图中用"·"表示岔心点。

用上述方法定出岔心之后，应打一木桩并钉上小钉作为标志；同时在两侧的钢轨上用白油漆划线标志其位置。道岔细部尺寸应逐项核对或丈量，并填写在道岔调查表中。

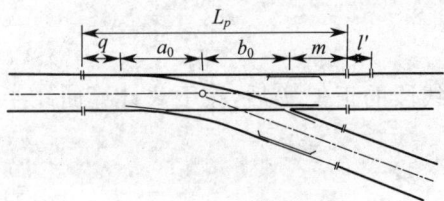

图 3.17　单开道岔中心　　　　　　　　　　　图 3.18　曲线道岔中心

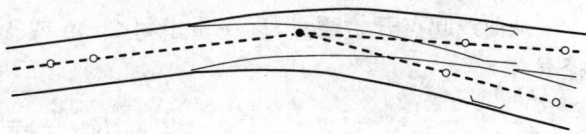

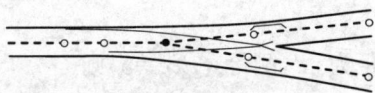

图 3.19　对称道岔中心　　　　　　　　　图 3.20　复式交分道岔中心

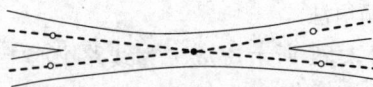

3. 站场线路平面测量

（1）股道全长及有效长测量

股道长度测量是在站内横向测绘后进行的，故应充分利用已掌握的资料，尽量避免重复工作，而现场丈量只是补充其长度推算的不足部分。车站内线路为直线的股道全长，可根据横向测绘的道岔资料及道岔主要尺寸计算，缺少部分可到现场补量。股道有效长，是指股道内能容纳列车停留而不影响邻线上列车运行的股道长度。它可根据警冲标、出发信号机、车挡或侧线出岔的辙轨尖的坐标计算得到；当股道位于曲线上时，应进行实地丈量。

（2）站内曲线平面测绘

既有线曲线平面测绘方法有矢距法、偏角法等，这在本项目工作任务一中已作了介绍，它同样适用于站内曲线平面测绘。

当站线上仅有圆曲线时，可按下面介绍的方法进行测绘。曲线测绘主要是测定交点的位置、转向角的大小和曲线半径。

1）用导线控制平面位置

导线的布置形式，视具体条件而定。

① 股道导线

沿线路中线敷设导线来控制曲线平面，称为股道导线。其曲线两端的直线部分，至少应有两个导线点来固定切线方向（如图 3.21 中的 a、b 点），如有可能应钉出交点，量出转向角 α 和外矢距 E_0。

② 辅助导线

若沿线路一侧敷设导线，并用极坐标法测设点位，以此来控制曲线平面位置，称为辅助导线法。如图 3.21 所示，在 B 点安置仪器，后视 A 点，分别测出 a、b 点的极坐标要素 β 及 D。

图 3.21　站内圆曲线平面测绘

导线应与站内基线联测，这样才能保证站内设备与建筑物之间正确的关系。

2）计算曲线转向角

若能定出交点位置，则可直接测出转向角；否则，可根据曲线两端直线点的坐标，反算出切线的方位角来求转向角；若用中线法测绘线路时，把导线有关转角相加，即可得出曲线转向角。

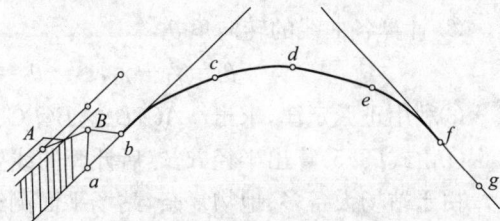

3)计算曲线半径

① 正矢法

从曲线起点开始测量,逐一量出每 20 m 或 10 m 线段的正矢 f 后,按下式计算曲线半径 R,

$$R=\frac{n \cdot \Delta l^2}{8\sum f} \tag{3.5}$$

式中　Δl——线段长度,m;

　　　n——正矢的个数。

② 偏角法

如图 3.21 所示,c、d、e 为线路中心上的三点,间距为 Δl,测得 $\angle dce=\delta$,则

$$R=\frac{\Delta l}{2\sin\delta} \tag{3.6}$$

③ 外矢法

利用外矢距 E_0 和转向角 α 计算 R

$$R=\frac{E_0}{\sec\frac{\alpha}{2}-1} \tag{3.7}$$

(3)站内三角线测量

三角线是机车转向的重要设施。三角线曲线要素是通过部分外业实测的资料求算的;三角线的中线位置可用股道导线法测定。

现以图 3.22 为例,说明测量的方法。

1)外业测量

① 定出岔心 A、B、C 的位置并安置经纬仪,测出三点联线与辙叉中线的夹角 β_i;

② 量出 A、B、C 三点之间的距离 L_1、L_2、L_3;

③ 量出各曲线短弦 Δl(20 m 或 10 m)之正矢 f_i。

2)内业计算

①计算连线 L 与相应曲线的切线间夹角 γ_i,

$$\gamma_i=\beta_i-\frac{\alpha}{2} \tag{3.8}$$

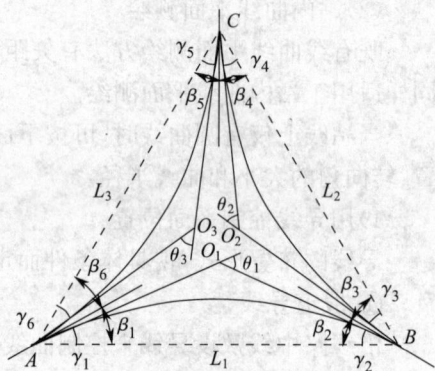

图 3.22　三角线测量

式中　α——道岔辙叉角。

② 计算各曲线的转向角 θ,

$$\theta_1=\gamma_1+\gamma_2,\qquad \theta_2=\gamma_3+\gamma_4,\qquad \theta_3=\gamma_5+\gamma_6 \tag{3.9}$$

③利用正弦定律,求出 $\triangle AO_1B$、$\triangle BO_2C$、$\triangle CO_3A$ 之边长 AO_1、BO_1、BO_2…;

④由式(3.5)算出半径 R,然后计算曲线要素,推算曲线起点到相邻岔心的距离。

由于站场设备多、地物复杂,站场平面测绘内容除道岔测量和站场线路平面测量之外,尚有站场客货运输设备及建筑物、站场排水系统及其他与设计有关的建筑物及设备,也需要测绘出它们的平面位置。距离用钢尺丈量,取位至 cm。

4. 站场横断面测量

(1)横断面位置

站场横断面测量应满足设计要求。除百米标、地形变化处、支挡工程、护坡及路基病害地

段的加桩外,还应在站房场坪两端、库房两端、驼峰平台、站场设计的平面宽度变化较大处及较宽地段的重点地形变化处加桩,施测横断面。

(2)横断面宽度

站内横断面宽度应满足设计需要,一般应测到取土坑或堑顶天沟外缘 5～10 m 处;在站场改、扩建一侧,应测至路基设计坡脚或堑顶以外 30 m。

(3)测绘内容

站内横断面除了与区间横断面测量内容相同者外,在各股道的轨顶、砟肩、砟脚、路肩、侧沟及平台、纵向排水槽、路基边坡变化点、路基坡脚及堑顶均应测点;各股道的间隔、断面方向上遇到的设备均应测量,如图 3.23 所示。

站内横断面测量,距离用钢尺丈量,高程用水准仪测定。距离、高程均取位至 cm。

5. 站场地形测量

站场地形图的比例尺一般为 1∶2 000,对于大型站场亦可按 1∶1 000 测绘。

站场地形图的测绘范围,以满足设计需要而

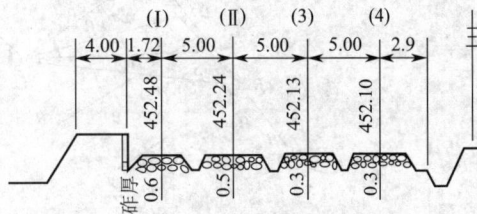

图 3.23　站内横断面测量

确定。对于中间站的测绘,一般横向为正线每侧 150～200 m;纵向为改建设计进站信号机以外 300～500 m。

🔑 知识拓展——极坐标法测量既有线曲线

近年来铁路建设快速发展,既有线改造技术标准越来越高,对既有线测量的要求也随之提高。一些新设备、新工艺、新技术的应用使得我们在既有线勘测中提高测量精度、减轻劳动强度是完全可行的。

采用光电测距仪或全站仪任意点置镜用极坐标法测量既有线曲线,并计算各点的坐标和推算里程,简称"极坐标法"。其测量方法如下。

1. 外业测量

在测量曲线时,当中线测至曲线起点后,置镜点可设在曲线任一侧路肩上,也可设在路基以外任一侧的任一点上,选点以通视条件最好,置镜次数最少和行车干扰最小为原则。

由于曲线转向角 α 要由两端方位角计算得出,为此应在曲线两端的直线(包括切线)上各设两个点,如图 3.24 中的 A、B、E、F。曲线上 B 至 E 之间的点 N_1、N_2…N_i,均系 20 m 整倍数的点,或大型建筑物的加标,其里程已在距离测量时标出。$A \sim B$ 及 $E \sim F$ 的间距不宜短于 100 m,且 B 点及 E 点应分别距既有的 ZH 及 HZ 不短于 40～80 m,即 B、E 两点分别相当于偏角法测量时,曲线测量范围的起、终点。图中 B、C、D、E 为置镜点,B、E 点为曲线的起、止点,C、D 为任意选择的置镜点。

测量时先置镜于 B 点,用测量导线的方法,正倒镜观测一个测回,测出 ABC 的右角 α 和 BC 之间的距离 S;迁站于 C 点开始测量曲线,即后视 B 点顺时针方向测量 BC 与 CN_i 的左角 β_i 及水平距离 S_i。当设一个置镜点不能测完整个曲线时,可再设转点如 D 点(置镜点)继续测量。测至 E 点后迁站于 E 点实测联系角 α_i,用以推算 EF 边的方位角。

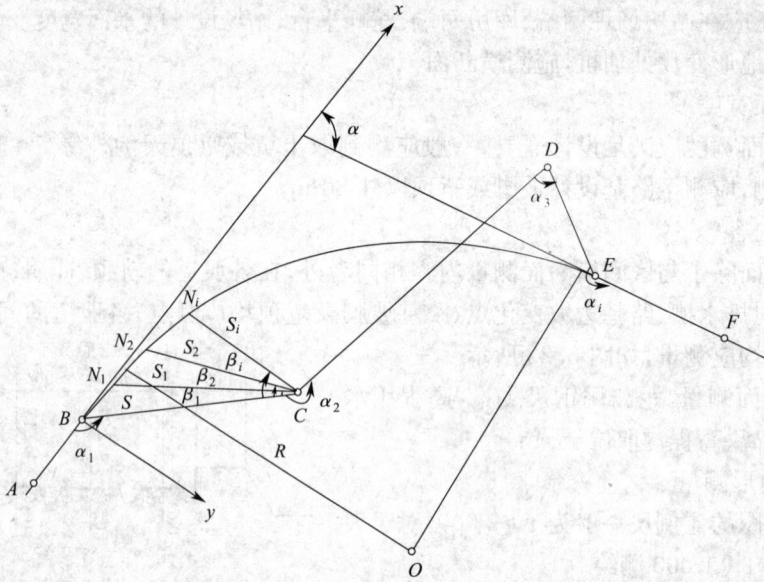

图 3.24　任意置镜测量曲线示意图

2. 内业计算

(1)曲线转向偏角的计算

总偏角按下式计算：

$$\alpha = 180° \times n - \sum \alpha_i$$

式中　　α_i——置镜点右角；

　　　　n——置镜点个数。

当 α 为正值时曲线为右偏，反之为左偏。

(2)坐标计算

一般设 B 点为坐标原点，可按计算导线经纬距坐标的方法计算置镜点的坐标，再由置镜点计算各观测点的坐标。

以始端直线上 B 点为原点，为计算简便，令 B 点的坐标 $x_B = 0$；$y_B = 0$，以始端切线（即 AB 方向）为纵轴，方位角 $\alpha_{AB} = 0$，其垂直方向为横轴，为了与曲线坐标轴方向一致，使横坐标不出现负值，并便于后续各步的计算，不论曲线为左偏或右偏，横轴均以曲线内侧为正向，其各置镜点或观测点的坐标计算公式如下：

$$X_i = S_i \cos(180° - \alpha_i + \alpha) + x$$
$$Y_i = S_i \sin(180° - \alpha_i + \alpha) + y$$

式中　　S_i——置镜点至观测点间的水平距离；

　　　　α_i——置镜点或观测点右角；

　　　　α——起算方位角；

　　　　x、y——置镜点横、纵坐标。

极坐标法测量既有线曲线，可提高既有线的勘测精度和工作效益，有利于安全生产，在既有线勘测中应积极推广应用，并综合开发研究全站仪测量既有线一体化程序，促进既有线测量自动化，以利提高既有线勘测质量和工作效益。

相关规范、规程与标准

《改建铁路工程测量规范》(TB 10105—2009)相关内容摘录如下。

1. 使用光电测距仪或全站仪采用导线点极坐标法测量中线里程时,应符合下列规定:

(1)里程测量可与中线测量、高程测量一并进行;

(2)前视棱镜可置镜在线路中心,当与中桩高程一并测量时,直线地段棱镜应置镜在左轨轨面,曲线地段应置镜在内轨轨面,但曲线地段应换算成中心里程;

(3)当需测设整米标里程时,第一次测得的水平距离经推算不在整米标位置,可用钢卷尺调整;

(4)当既有线纵坡大于12‰时,用极坐标法测量推算的平距,应进行坡度改正后的斜距推算连续里程。

2. 对既有线及其两侧的建筑物,铁路标志设备和有关地物等,在地形图上精度达不到要求或显示有困难时,应进行横向测绘。测绘工作在里程测量之后进行,测绘的宽度及内容应满足设计要求,每侧宽度不宜小于 20 m,重点工程及用地较宽处应酌量加宽。

测绘时应采用以线路中心为基线,用管卷尺或皮尺测量对象至路线中心的距离,路基以内取位至 cm,路基以外取位至 dm,地貌分类(含土地类别)和行政区的分界,取位至 m。

遇有跨线建筑物及平(立)交道时,应测记交叉里程、交角及道路宽度,并注明去向及有无看守等情况;跨越的电力、通信、广播线路应测记交叉里程、交角,并注明杆号,还应测出左右相邻两根电杆或塔架与铁路的平面关系及线路中心电线至轨面的高差,并记录测量时的温度。

3. 既有线站场控制测量应设置基线,基线宜设在有利于测绘、设计、施工的位置。

中小站及区段站可利用正线或其外移桩作为基线,编组站的车场部分应设置中轴线作为基线。规模较大的双向系统编组站,可根据需要,设置双向中轴线作为基线。利用正线外移桩作基线时,外移桩桩位应按设置基线的精度要求进行测设。站内的场、段、所可在主基线下扩展设置基线。

直线车站的基线应与正线平行,曲线车站的基线除道岔区应与正线平行外,其余地段可布成折线,但基线的边数不宜过多。

4. 既有站或枢纽内线路的里程测量,除正线外,段管线、岔线和特殊用途线等,均应单独测量里程,并以接轨道岔的岔心为起点,岔线也可以零公里标或站中心为起点,其测量终点应满足设计需要,并设在直线上。

站内的场、段、所线路的里程测量,可选择一条能控制全部既有设备的贯通线进行。

驼峰调车场中轴线里程的加标,应从驼峰线路的峰顶至加速坡末端间,每 5 m 设加标,压钩坡起点至峰顶和加速坡末端至中间坡末端间每 10 m 设加标,其余地段每 20 m 设加标;站内其他较短的单独线路也宜每 20 m 设加标;避难线每 5～10 m 设加标。

项目小结

1. 既有线路测量的主要内容有:既有线里程丈量、横向调绘、高程测量、横断面测量、线路平面测绘、地形测绘、站场测绘及设备调查等。里程丈量是为了在既有线路上定出公里标、半公里标、百米标和加标,作为勘测设计和施工的里程依据,也是既有线平面坐标计算的长度依据。线路调绘又称横向测绘，是对既有线路两侧 30～50 m 以内的地物、地貌的调查测绘。既有线路中线平面测量，就是通过外业的线路平面测量和内业的曲线半径选择与拨正量计算，以获取线路中线平面现状的资料。既有线高程测量，是沿线路检测已有水准点和补设新的水准点，测量沿线所有百米标和加标处钢轨轨面的高程；测量工作分为水准点高程测量和中桩高程测量。

2. 既有站场测绘内容视车站类型及要求而有所不同，主要包括：纵向丈量、基线测设、横向测绘、道岔测量、站内线路平面测量，站场导线测量、地形、高程测量及横断面测量等。其中纵向丈量、横向测绘、高程测量和横断面测绘与区间线路测量大同小异。基线是站场平面测绘、车站改建或扩建设计时计算道岔和各种建筑物坐标的依据，同时也是施工时标定各种设备的基础。基线的类型有直线型基线、折线型基线、综合型基线。标定道岔岔心的方法有直接丈量法和交点法两种方法。站场地形图的比例尺一般为 1∶2 000，对于大型站场亦可按1∶1 000 测绘。

复习思考题

1. 既有铁路线路测量的任务是什么？与新线路测量比较，它有什么特点？
2. 既有线高程测量的目的是什么？如何进行测量？
3. 铁路既有线路测量的内容有哪些？
4. 试述既有线横断面测量的位置、宽度及测绘的内容。
5. 既有线中线平面测绘的目的是什么？
6. 既有线站场测绘的特点有哪些？
7. 既有线站场测绘的范围如何确定？
8. 既有线站场测绘的主要内容有哪些？
9. 什么是既有站场测绘的基线？对基线的设置有什么要求？
10. 既有站场基线布设的一般原则有哪些？其测量精度如何？
11. 为什么要进行既有线站场横断面测量？它与新线站场横断面测量有何不同？

项目 4　公路工程测量

项目描述

公路工程测量是指公路线路在勘测设计、施工过程中进行的各种测量工作。本项目主要介绍公路线路设计阶段及施工阶段的测量工作，主要包括平面控制测量、高程控制测量、地形测量、中线测量、纵断面测量、横断面测量以及路基、路面的测设工作。

拟实现的教学目标

1. 能力目标

● 通过本项目的学习，结合本书其他项目的内容，能够在公路勘测设计和施工过程中按照相关规范要求完成各种测量工作。

2. 知识目标

● 掌握公路线路初测阶段测量工作的主要内容及测量方法；

● 掌握公路线路定测阶段测量工作的主要内容及测量方法；

● 掌握公路线路施工过程中测量工作的主要内容及测量方法。

3. 素质目标

● 通过本项目的理论学习和操作训练，培养学生分析问题、解决问题、不断总结经验、提高自身业务水平的能力；

● 使学生养成认真、仔细、严谨的测量习惯。

典型工作任务 1　公路线路设计阶段的测量工作

4.1.1　工作任务

通过公路线路设计阶段的测量工作的学习，主要能够承担以下工作任务。

1. 初测中各项测量工作（控制测量、地形测量）。

2. 定测中各项测量工作（线路中线测量、线路纵断面测量、线路横断面测量）。

4.1.2　相关配套知识

公路工程建设分为前期准备、设计和施工阶段。

前期准备阶段包括立项、工程可行性研究。

根据 2007 年出版的《公路工程基本建设项目设计文件编制办法》的规定，设计阶段可采用两阶段设计或一阶段设计。公路工程建设一般采用两阶段设计，即初步设计和施工图设计；对于技术简单、方案明确的小型建设项目，可采用一阶段设计，即一阶段施工图设计；对于技术复杂、基础资料缺乏和不足的建设项目或建设项目中的特大桥、长隧道、大型地质灾害治理等，必要时采用三阶段设计，即初步设计、技术设计和施工图设计。高速公路、一级公路必须采用两阶段设计。

两阶段初步设计阶段所进行的勘测工作为初测；施工图设计阶段进行的勘测工作为定测；一阶段施工图设计所进行的勘测工作为一次定测。

1. 初测

初测的目的是根据计划任务书确定的修建原则和线路基本走向，通过现场对各有价值方案的勘测，从中确定采用的线路，搜集编制初步设计文件的资料。

初测的任务是要对线路方案作进一步的核查落实，并进行导线、高程、地形、桥涵、路线交叉和其他资料的测量、调查工作，进行纸上定线和有关的内业工作。

初测阶段的主要测量工作包括控制测量（平面控制测量、高程控制测量）和地形测量。

（1）控制测量

1）平面控制测量

平面控制测量的主要作用是测绘地形图。

高速公路、一级公路应按照不低于一级控制网的要求进行平面控制测量，二、三、四级公路应按照不低于二级控制网的要求进行平面控制测量。

为了保护平面控制点不受施工影响，平面控制点距线路中心线的距离应大于 50 m；同时，为了方便施工放样，平面控制点距线路中心线的距离宜小于 300 m。每一点至少应有一相邻点通视。特大型构造物每一端应埋设 2 个以上平面控制点。

平面控制测量应采用 GPS 测量、导线测量、三角测量或三边测量方法进行。

2）高程控制测量

公路高程系统宜采用 1985 国家高程基准。同一个公路项目应采用同一个高程系统，并应与相邻项目高程系统相衔接。不能采用同一系统时，应给定高程系统的转换关系。独立工程或三级以下公路联测有困难时，可采用假定高程。

高速公路、一级公路应按照不低于四等的要求进行高程控制测量，二、三、四级公路应按照不低于五等的要求进行高程控制测量。

高程控制点宜设于公路中心线两侧 50～300 m 范围之内。高程控制点间距宜为 1～1.5 km；山岭重丘区可根据需要适当加密；大桥、隧道口及其他大型构造物两端，应增设高程控制点；特大型构造物每一端应埋设 2 个（含 2 个）以上高程控制点。

高程控制测量应采用水准测量或三角高程测量的方法进行。

3）资料提交

控制测量应提交以下测量及计算资料：

①技术设计书。

②点之记。

③仪器检验报告。

④原始记录手簿。

⑤控制测量计算书。

⑥平面控制网联测及布网略图。

⑦高程控制测量联测及路线示意图。

⑧作业自检报告。

⑨检查验收意见。

⑩技术总结。

⑪所有资料的电子文档。

（2）地形图测绘

公路线路初测阶段地形图测绘是以平面控制点为依据，测绘全线带状地形图作为纸上定线和初步设计的依据。

1）地形图比例尺的选择

地形图比例尺的选择应以满足公路设计各阶段的需要为原则。测图比例尺越大，用于控制测量和地形图测绘工作的资金和时间越多，因此对于不同的设计阶段和对象应选择恰当比例尺的地形图。

公路地形图测图比例尺应根据设计对地形图的精度要求和对地形、地物内容的翔实程度以及《公路工程基本建设项目设计文件编制办法》的规定确定。

① 初步设计阶段

当地形、地貌比较复杂，地物比较密集时应采用 1∶2 000 地形图；当地形、地貌比较简单，地物比较稀少时，可采用 1∶5 000 地形图。

② 施工图设计阶段

当地形、地貌特别复杂，地物比较密集时，可采用 1∶1 000 地形图；一般情况下，采用 1∶2 000 地形图；只有当地形、地貌特别简单，地物非常稀少时，方可采用 1∶5 000 地形图；重要工点采用 1∶500 地形图。

2）地形图的基本等高距应符合表 4.1 的规定。

表 4.1　地形图基本等高距

地形类别	不同比例尺的基本等高距(m)			
	1∶500	1∶1 000	1∶2 000	1∶5 000
平原	0.5	0.5	1.0	1.0
微丘	0.5	1.0	1.0	2.0
重丘	1.0	1.0	2.0	5.0
山岭	1.0	2.0	2.0	5.0

当地形比较平坦，采用表 4.1 中所列等高距表示地形等高线太稀疏，不能很好地表达地形变化时，可加入间曲线。

3）地形图的图式应采用国家测绘局制定的现行地形图图式。对图式中没有规定符号的地物、地貌，应制定补充规定，并在技术报告中注明。

4）图根控制测量

当地形复杂、隐蔽及建筑群密集，平面控制点不能满足测图要求时，应进行图根控制测量。

图根控制测量应以平面控制点为高级控制点，布设成闭合导线或附合导线的形式，条件受限制时，可布设支导线，但支导线的边数不得超过 3 条。

图根点应设定标志，标志可采用木桩或混凝土桩，点位应视野开阔，相邻点应相互通视。

图根点的密度应根据测图比例尺和地物、地貌复杂程度以及测图方法而定。平坦开阔地区采用大平板仪、小平板配合经纬仪测图时，图根点（含基础控制点）密度不应少于表 4.2 的规定。

表 4.2 视距法测图图根点（含基础控制点）密度

测图比例尺	图根点密度（点/ km²）	测图比例尺	图根点密度（点/km²）
1：500	≥145	1：2 000	≥14
1：1 000	≥45	1：5 000	≥7

采用测距仪或全站仪测图时，由于设站的图根点至测点的距离可以放长，所以图根点的密度可相应减少，取表 4.2 中 0.4 倍的值；采用 GPS-RTK 测图时，其密度可进一步减少，取表4.2 中 0.2 倍的值。地形复杂、隐蔽及城镇区，应以满足测图需要为原则，适当加大图根点密度。

图根导线测量的主要技术要求应符合表 4.3 的规定。

表 4.3 图根导线测量的主要技术要求

边长测定方法	测图比例尺	导线全长（m）	平均边长（m）	测回数	测角中误差（"）	方位角闭合差（"）	导线最大相对闭合差
光电测距	1：500	≤450	75	≥1	≤±20	≤40√n	≤1/4 000
	1：1 000	≤1 500	150				
	1：2 000	≤3 000	300				
钢尺量距	1：500	≤500	50	≥1	≤±20	≤40√n	≤1/2 000
	1：1 000	≤1 000	85				
	1：2 000	≤2 000	180				

注：1. n 为测站数。

2. 组成节点后，节点间或节点与起算点间的长度不得大于表中规定的 0.7 倍。

3. 当导线长度小于表中规定 1/3 时，其绝对闭合差不应大于图上 0.3 mm。

图根点高程可采用水准测量、光电测距三角高程测量或 GPS-RTK 测量等满足精度要求的各种方法。当基本等高距为 0.5 m 时，应采用图根水准测量。

图根水准测量主要技术要求应符合表 4.4 的规定。

表 4.4 图根水准测量的主要技术要求

每千米观测高差全中误差（mm）	水准路线长度（km）		视线长度（m）	观测次数		往返较差、附合或环线闭合差（mm）	
	附合路线或环线	支线长度		附合或闭合路线	支线或与已知点联测	平原、微丘	重丘、山岭
≤±20	≤6	≤3	≤100	往一次	往返各一次	≤40√L	≤12√n

注：1. L 为水准路线长度，以 km 计；n 为测站数。

2. 组成节点后，节点间或节点与高级点间的长度不得大于表中规定的 0.7 倍。

图根控制测量应进行平差，角度计算取位至（"），边长、坐标和高程计算取位至 mm，最终坐标和高程取位至 cm。

5) 地形图测绘

公路线路初测阶段地形图测绘可采用航空摄影测量、全站仪测图、GPS-RTK 测图和平板测图等方法，也可采用各种方法的联合作业模式或其他作业模式。测绘时应根据所在地区的地形、地物和植被覆盖情况、公路等级及所具备的经济、技术条件等因素综合确定。

地形图测绘范围应根据公路等级、地形条件及设计需要合理确定,应能满足方案比选及构造物布置的需要。

地形图测绘的具体方法请参阅本系列教材有关书籍。

地形图应标示建筑物、独立地物、水系及水工设施、管线、交通设施、境界、植被等各类地物、地貌要素以及各类控制点、地理名称等。地物、地貌各项要素的标示方法和取舍原则应符合国家测绘局制定的现行图式的规定,还应充分考虑公路工程的专业特点,满足设计及施工对地形图的要求。

地形图测绘应提交下列资料:

①技术设计书。

②图根控制测量记录手簿。

③图根控制测量计算书。

④地形图。

⑤地形图分幅图。

⑥地形图测量自检报告。

⑦地形图检查验收报告。

⑧技术总结。

2. 定测

公路线路定测阶段的基本任务是将初步设计选定的线路中线测设于实地,然后根据定测后的线路进行纵、横断面测量,为公路的技术施工设计提供资料。

(1)线路中线测量

公路线路平面线形由直线、圆曲线、缓和曲线三要素组成。圆曲线是具有一定曲率半径的圆弧。缓和曲线是在直线与圆曲线之间或两不同半径的圆曲线之间设置的曲率连续变化的曲线。

线路中线测量是通过直线和曲线的测设,将图纸上设计好的线路中线的平面位置敷设到地面上去,并标定出其里程,供设计和施工之用。线路中线测量也叫中桩放样。放样时,按照规范要求,在地面上每隔一定距离测设一个中线点,打木桩标志点的位置,并书写其里程(桩号),以表示线路中线的实地位置。该木桩称为中桩。

里程是指某中桩至线路起点的水平距离,也称为桩号。如某中桩至线路起点的水平距离为 1 234.56 m,则桩号记为 K1+234.56。

相邻中桩之间的最大距离称为中桩间距。公路线路中桩间距应不大于表 4.5 的规定。

表 4.5 中桩间距

直线(m)		曲线(m)			
平原、微丘	重丘、山岭	不设超高的曲线	$R>60$	$30<R<60$	$R<30$
50	25	25	20	10	5

注:表中 R 为平曲线半径(m)。

实地测设时,重丘、山岭区中桩间距以 20 m 为宜;平原、微丘区中桩间距可采用 25 m。一般 50 m 整桩桩距应少用或不用,因为桩距太大会影响纵坡设计质量和工程数量计算。当曲线桩或加桩距整桩较近时,整桩可省略不设,但百米桩不应省略。

里程桩包括线路起终点桩、公里桩、百米桩和加桩，又可分为整桩和加桩。整桩是指里程是中桩间距整倍数的中桩，加桩是指在线路特殊地点设置的中桩。

需设置加桩的特殊地点包括：

①线路纵横向地形变化处；

②线路与其他线状物交叉处；

③拆迁建筑物处；

④桥梁、涵洞、隧道等构筑物处；

⑤土质变化及不良地质地段起、终点处；

⑥省、地(市)、县级行政区划分界处；

⑦改、扩建公路地形特征点、构筑物和路面面层类型变化处；

⑧道路交叉中心；

⑨隧道、涵洞及通道的进出口处。

公路线路中线测量可采用极坐标法、GPS-RTK 法和拨角放线法施测。现阶段普遍采用全站仪或 GPS-RTK 进行中线测量。

测设时，可先根据设计资料计算中桩测量坐标并存储在仪器内存中作为测设数据，也可以在施工现场利用仪器的道路测设软件计算中桩测量坐标，然后用仪器的放样功能将设计中桩逐点测设于地面并打木桩标志点位。

中桩平面桩位测设精度应符合表 4.6 的规定。

表 4.6　中桩平面桩位精度

公路等级	中桩位置中误差(cm)		桩位检测之差(cm)	
	平原、微丘	重丘、山岭	平原、微丘	重丘、山岭
高速公路，一、二级公路	≤±5	≤±10	≤±10	≤±20
三级及以下公路	≤±10	≤±15	≤±20	≤±30

(2)纵断面测量

中桩高程测量应起闭于线路高程控制点上，高程测至桩志处的地面，其测量误差应符合表 4.7 的规定。中桩高程应取位至 cm。具体测量方法请参阅本书项目 1。

表 4.7　中桩高程测量精度

公路等级	闭合差(mm)	两次测量之差(cm)
高速公路，一、二级公路	$\leqslant 30\sqrt{L}$	≤5
三级及三级以下公路	$\leqslant 50\sqrt{L}$	≤10

注：L 为高程测量的路线长度(km)。

沿线需要特殊控制的建筑物、管线、铁路轨顶等，应按规定测出其高程，其 2 次测量之差不应超过 2 cm。

(3)横断面测量

横断面测量的宽度应满足路基及排水设计、附属物设置等需要。横断面方向应与线路中线切线垂直，横断面中的距离、高差的读数应取位至 0.1 m，检测互差限差应符合表 4.8 的规定。

表 4.8　横断面检测互差限差

公路等级	距离(m)	高差(m)
高速公路,一、二级公路	$\leqslant L/100+0.1$	$\leqslant h/100+L/200+0.1$
三级及以下公路	$\leqslant L/50+0.1$	$\leqslant h/50+L/100+0.1$

注:1. L 为测点至中桩的水平距离(m)。
　　2. h 为测点至中桩的高差(m)。

具体测量方法请参阅本书项目 1。

典型工作任务 2　公路线路施工测量

4.2.1　工作任务

通过公路线路施工测量的学习,主要能够承担以下工作任务:
1. 图纸审核。
2. 设计交桩。
3. 控制点复测。
4. 恢复中线。
5. 布设施工控制网。
6. 原地面复测。
7. 施工放样。
8. 竣工测量。

4.2.2　相关配套知识

1. 图纸审核
根据设计图纸和设计交底对路基平纵断面逐桩复核高程、坐标、超高、加宽等,发现错误及时上报监理工程师处理。
2. 设计交桩
工程开工前,在项目总工程师的带领下,测量组参加由驻地监理工程师组织的交接桩工作,逐一接收平面、高程控制点桩,交点桩,断链桩,合同分段桩,重要结构的中心桩,并按监理工程师的要求,办理交接桩签认。接桩后,与桩址所在土地的业主办理桩址占地使用、桩志保护合同,清理桩址周围杂物,建立醒目桩位标志。
3. 控制点复测
接桩后,施工单位应根据接桩资料和设计文件进行控制点复测,复测内容主要包括:平面、高程控制点,线路中线、转角点,合同分段桩,重要结构的中心桩。
控制点复测可采用 GPS 或导线测量的方法进行。导线起讫点应与设计单位测定结果比较,测量精度应满足设计要求,当设计无规定时,应满足规范要求。
4. 恢复中线
线路在勘测时,对于线路中线的一些主要特征点,如线路的起终点、线路交点、曲线主点、公里桩等均埋设了标志桩。由于线路施工阶段和勘测阶段相隔时间较长,少则几个月,多则几年,这些标志往往会被破坏,而中线上其他中桩的位置,在勘测时只是临时标定,往往难以保存。因此,在施工时,首先要恢复中桩的位置。

对于高速公路、一级公路应采用坐标法恢复主要控制桩。恢复中线时应注意与结构物中心、相邻施工段的中线闭合,发现问题应及时查明原因,并报现场监理工程师或业主。如发现原设计中线长度丈量错误或需局部改线时,应作断链处理,相应调整纵坡,并在设计图表的相应部位注明断链距离和桩号。

5. 布设施工控制网

公路勘测设计阶段所布设的控制点在分布和数量上都不能满足施工的需要,因此,施工单位必须根据所施工标段的实际需要和实际地形来布设施工控制网。

施工单位应在熟悉设计文件中的线路和结构工程的平面、纵横断面图的基础上,根据施工技术规范的要求和施工的需要,确定利用原设计控制网点加密或重新布设测量控制网点,建立施工控制网。

施工控制网分为平面施工控制网和高程施工控制网。

(1)平面施工控制网

平面施工控制网一般采用二级三角控制网。

1)平面施工控制点的布设

平面施工控制点应满足以下要求:

① 通视良好

平面施工控制点应选在路堑堑顶的适当位置以及线路结构物附近,不易受施工干扰处。所布设的控制点既要保证相邻点间能够通视,又要保证能够通视线路中桩、边桩及坡脚桩,以便于放线,不需转站。

② 点位桩要埋设牢固,便于保护。

公路工程施工过程中,施工控制点使用频繁,因此,所布设的施工控制点桩一定要埋设牢固,并要妥善保护。

③ 平面施工控制点的密度

平面施工控制点的密度应能满足施工现场放样需要。为便于施工放样及保证放样的精度,施工控制点间距宜在 400～800 m,视线清晰,视野开阔。

④ 控制点编号

控制点编号要醒目,易识别。点位桩号码前冠以公路里程,例如 K128＋600$_左$—Ⅱ,表示Ⅱ号点位于 K128＋600 左侧,用于 K128＋600 前后线路放样。

⑤ 便于架设仪器,方便观测员操作。

2)平面施工控制网可采用全站仪或 GPS 按照规范要求测量。

(2)高程施工控制网

高程施工控制网一般采用四等水准控制网。

1)水准点的布设

① 施工水准点的密度

施工水准点的密度应保证只架设一次仪器就可以放出或测量出所需要的高程。

公路施工过程中,水准测量前后视距最好控制在 80 m 以内,超过 80 m 则要转站才能继续往前测,如果多次转下去,误差便会因积累而增大,因此,为了放样方便及保证测量精度,施工水准点间距最好在 160 m 范围内,在纵坡较大地段,水准点间距可根据实际地形缩短。

② 在重要结构物附近,宜布设两个以上的施工水准点。放样时,用一点放样,另一点检查,从而保证放样高程的准确性。

③ 施工水准点布设地点

公路施工过程中,施工水准点一般布设在填方路段两侧 20 m 范围内的田坎、与挖方段交接的山坡脚等易于保存的地方。当路基工程基本完成,挖方段的排水沟或坡脚砌体也已施工完毕,水准点可布设在其水泥抹面上。

④施工水准点应埋设牢固,并要妥善保护。

⑤施工水准点编号。

施工水准点编号要醒目、清晰、易识别。施工中多用"千米数＋号码"来编号,例如 K128＋125$_左$—1、K128＋275$_右$—2 等,并把高程用红油漆写在点号旁边,这样就能很明显地知道该点是控制那一段的,并可校核所用点高程是否用错。

2)高程控制网的测量

当施工标段只有一个已知水准点时,采用闭合水准路线测量;如特殊需要,例如涵洞高程放样等可考虑选用支水准路线。当施工标段有两个已知水准点,采用附合水准路线测量。

测量时应按照四等水准测量的要求进行。

6. 原地面复测

施工控制网完成后,路基施工前,施工单位应按照设计断面进行原地面复测。

原地面复测就是纵断面测量和横断面测量。

路基施工前,施工单位应按照设计断面的位置对线路进行纵断面和横断面测量,用来计算土石方量并与设计土石方量比较。

7. 施工放样

(1)路基中桩、边桩放样

路基施工前,应用全站仪或 GPS-RTK 将线路中桩、边桩测设于地面,供施工之用,具体测设方法与铁路线路相同。

(2)路基高程放样

填方路基在施工过程中是分层进行填筑的,在每层填筑之前,应标定出该层的顶面高程。具体方法请参阅本系列教材有关书籍。

(3)路基竣工测量

路基竣工后,应以施工监理人员为主、施工单位测量人员为辅进行验收测量。施工测量人员应做的工作主要有以下几方面。

1)复放路基全线中桩、边桩的平面位置,编写里程桩号,进行线路外形尺寸自我检查。

① 自检中线偏位;

② 自检路基宽度。

2)用水准测量的方法实测所放桩位实地高程,与路基设计高程比较,进行线路高程自我检查。

① 纵断高程检查;

②横断面高程检查;

③ 路基面平整度检查。

路基竣工测量标准见表 4.9。

表 4.9　路基实测项目验收标准

项次	检查项目	规定值或允许偏差		
		高速公路一级公路	其他公路	
			二级公路	三、四级公路
1	纵断高程(mm)	+10,−15	+10,−20	
2	中线偏位(mm)	50	100	
3	宽度(mm)	不小于设计		
4	平整度(mm)	15	20	
5	横坡(%)	±0.3	±0.5	
6	边坡	不陡于设计值		

（4）路面施工放样

路基施工完成以后，即可进行路面施工。路面施工放样主要包括路面边桩和路拱的放样。

路面各结构层的放样方法与路基放样方法相同，先测设中桩，然后由中桩控制边桩，然后再放样高程，控制各结构层的厚度。除面层外，各结构层横坡按直线形式放样。当有超高和加宽时，应考虑路面超高加宽的设置。

1）路面边桩放样

路面边桩的放样可以先放出中桩，再根据中桩的位置和横断面方向用钢尺丈量放出边桩。在高等级公路路面施工中，有时不放中桩而直接根据边桩的坐标放样边桩。边桩间距一般为 10 m。

2）路拱放样

为有利于路面排水，在保证行车的平稳要求下，路面应做成中间高两侧低的拱形，称为路拱。路拱的作用是路面横向排水。对于水泥混凝土路面或有中间带的沥青类路面，其路拱按直线形式放样。对于没有中间带的沥青类路面，路拱可采用抛物线形或圆曲线形。

① 抛物线形路拱

如图 4.1 所示，以路拱中心 O 为坐标原点、过 O 点的切线为 x 轴、铅垂线为 y 轴建立坐标系。

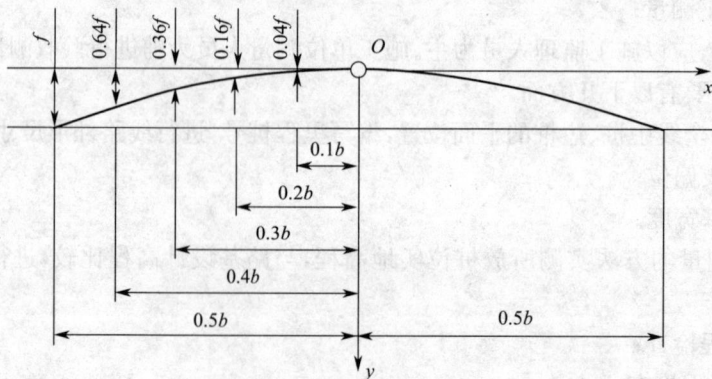

图 4.1　抛物线形路拱

在上述坐标系中,抛物线的方程式为:

$$x^2 = 2py$$

当 $x = \dfrac{b}{2}$ 时, $y = f$,代入上式,得

$$\frac{b^2}{4} = 2pf$$

则

$$2p = \frac{b^2}{4f}$$

带入抛物线方程式,得

$$x^2 = \frac{b^2}{4f}y$$

则

$$y = \frac{4f}{b^2}x^2$$

公路施工时,一般把路幅宽度分为 10 等分进行路拱放样,如图 4.1 所示。

② 圆曲线形路拱

如图 4.2 所示,圆曲线形路拱是在两个斜面中间插入一段圆曲线,路拱的高度由下式计算:

$$f = \left(\frac{b}{2} - \frac{d}{4} \right) \cdot i_1$$

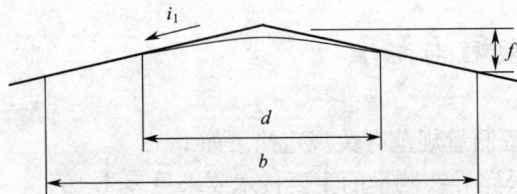

图 4.2　两斜面中间插入圆曲线的路拱

公路路面放样时,一般根据设计数据预先制成路拱样板,在放样过程中随时检查。

8. 竣工测量

公路工程在竣工验收时进行的测量工作称为竣工测量。公路工程竣工后,必须进行全线的竣工测量,作为竣工验收的依据。

竣工测量的内容包括中线测量、纵断面测量、横断面测量和竣工总图的编绘。

(1)中线竣工测量

中线竣工测量一般分两步进行。首先,收集该线路设计的原始资料、文件及修改设计资料、文件,然后根据现有资料情况分两种情况进行。当线路中线设计资料齐全时,可按原设计资料进行中桩测设,检查各中桩是否与竣工后线路中线位置相吻合;当设计资料缺乏或不全时,则采用曲线拟合法,即先对已修好的公路进行分中,将中线位置实测下来,并以此拟合平曲线的设计参数。

(2)纵、横断面测量

纵、横断面测量是在中桩竣工测量后,以中桩为基础,将道路纵、横断面情况实测下来,看

是否符合设计要求,其测量方法与前述方法相同。

上述中桩和纵、横断面测量工作,均应在已有的施工控制点的基础上进行,如已有的施工控制点已被破坏,应先恢复控制系统。

在实测工作中对已有资料(包括施工图等)要进行详细地实地检查、核对,检查结果的允许误差应不大于国家关于公路施工验收规程的规定。

当竣工测量的误差符合要求时,应对曲线的交点桩、长直线的转点桩等路线控制桩或坐标法施测时的导线点,埋设永久桩,并将高程控制点移至永久性建筑物上或牢固的桩上,然后重新编制坐标、高程一览表和平曲线要素表。

(3)竣工总图的编制

对于已确实证明按设计图施工,没有变动的工程,可以按原设计图上的位置及数据绘制竣工总图,各种数据的注记均利用原图资料。对于施工中有变动的,按实测资料绘制竣工总图。

不论利用原图编绘还是实测竣工总图,其图式符号、各种注记、线条等格式都应与设计图完全一致,对于原设计图没有的图式符号可以按照《地形图图式》设计图例。

编制竣工总图是一项工作量较大的观测成果的综合整理工作,在拟订施工测量方案时就应把这项工作考虑进去,以便于统筹安排,分期收集编绘资料。最好是每一个单位工程完工后立即进行竣工测量,并整理出观测成果,然后由专人汇总各单位工程竣工测量资料,通盘考虑竣工图的编绘。

若竣工测量所得出的实测数据与相应的设计数据之差在施工测量的允许误差内,则应按设计数据编绘竣工总图,否则,按竣工测量数据编绘。

相关规范、规程与标准

GB 50026—2007 工程测量规范有关规定摘录如下。

1. 二级及以下等级公路导线测量的主要技术要求见表 4.10。

表 4.10　二级及以下等级公路导线测量的主要技术要求

导线长度 (km)	边长(m)	仪器精度 等级	测回数	测角中 误差(″)	测距相对 中误差	联测检查	
						方位闭合差(″)	相对闭合差
≤30	400～600	2″级仪器	1	12	≤1/2 000	$24\sqrt{n}$	≤1/2 000
		6″级仪器		20		$40\sqrt{n}$	

注:表中 n 为测站数。

2. 二级及以下等级公路高程控制测量的主要技术要求见表 4.11。

表 4.11　二级及以下等级公路高程控制测量的主要技术要求

等级	每千米高差全中误差(mm)	路线长度(km)	往返较差、附合或环线闭合差(mm)
五等	15	30	$30\sqrt{L}$

注:L 为水准路线长度(km)。

项目小结

本项目主要讲述了公路工程勘察设计、施工建设阶段的测量工作,主要内容包括平面控制测量、高程控制测量、地形测量、中线测量、线路水准点高程测量、横断面测量、施工复测、路基施工测量、路面施工测量等。测量过程中用到的水准测量、导线测量、全站仪放样、GPS 测量等测量方法,请参阅本系列教材的其他书籍。

复习思考题

1. 公路线路初测阶段有哪些主要测量工作?
2. 公路线路初测阶段地形图测绘如何选择比例尺?
3. 公路线路初测阶段地形图测绘可采用哪些方法?
4. 公路线路定测阶段主要有哪些测量工作?
5. 公路线路施工测量主要包括哪些方面的内容?
6. 公路工程开工前,交接的桩点主要有哪些?
7. 公路工程开工前,控制点复测的主要内容是什么?
8. 布设平面施工控制网应注意哪些问题?
9. 布设高程施工控制网应注意哪些问题?
10. 公路工程施工放样主要包括哪些内容?
11. 公路工程竣工测量主要包括哪些内容?

项目 5　管道工程测量

项目描述

管道包括给水、排水、煤气、暖气、电缆、通信、输油、输气等管道。本项目主要介绍管道中线测量，管道断面测量，管道施工测量和顶管施工测量。

拟实现的教学目标

1. 能力目标
- 能够为管道工程的设计提供必要的资料；
- 按设计要求，将管道位置施测于实地，指导施工。
2. 知识目标
- 掌握中线测量的方法；
- 掌握纵横断面测量的方法；
- 掌握管道施工测量的方法；
- 掌握顶管施工测量的方法。
3. 素质目标
- 养成全面考虑问题的习惯；
- 养成分工协作的意识；
- 具备一定协调组织能力。

典型工作任务 1　管道中线测量

5.1.1　工作任务

管道中线测量就是将已确定的管道中线位置测设于实地，并用木桩标定。通过管道中线测量的学习，主要能够承担以下工作任务：

1. 测设管道的主点。
2. 中桩测设。
3. 管道转向角测量以及里程桩手簿的绘制。

5.1.2　相关配套知识

1. 管道主点的测设

管道的起点、转向点、终点等通称为管道的主点。主点的位置及管道方向在设计时确定。

(1) 主点测设数据的准备

1)图解法

当管道规划设计图的比例较大,管道主点附近有较为可靠的地物点时,可直接从设计图上量取数据。

如图 5.1 所示,A、B 为原有管道的检修井,1、2、3 为设计管道的主点,欲用距离交会法在地面上测定主点的位置,可依比例尺在图上量出 S_1、S_2、S_3、S_4、S_5,即为主点的测设数据。

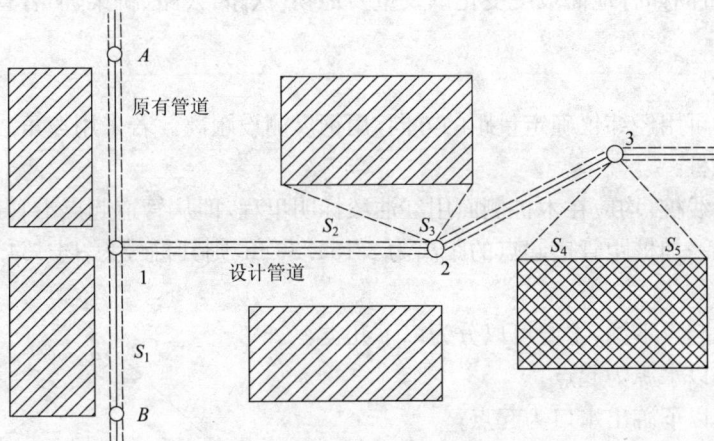

图 5.1　某设计管线示例(一)

2)解析法

当管道规划设计图上已给出管道主点坐标,而且主点附近有测量控制点,可以用解析法求出测设所需数据。

如图 5.2 所示,A、B、C……为测量控制点,1、2、3……为管道规划的主点,根据控制点和主点的坐标,可以利用坐标反算公式计算出用极坐标法测设主点所需的距离和角度。

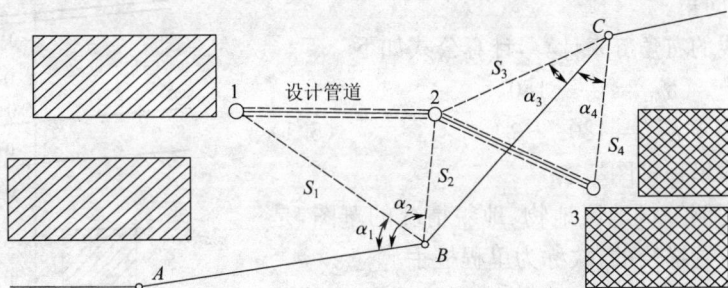

图 5.2　某设计管线示例(二)

(2)主点的测设

管道主点测设是利用上述准备好的数据,采用直角坐标法、极坐标法、角度交会法和距离交会法等将管道主点在现场确定下来。具体测设时,各种方法可独立使用或配合使用。

主点测设完毕后,必须进行校核工作。校核的方法是:通过主点的坐标,计算出相邻主点间的距离,然后实地进行量测,看其是否满足工程的精度要求。

在管道建筑规模不大且无现成地形图可供参考时,也可由工程技术人员现场直接确定主点位置。

2.中桩测设

为了测定管线的实际长度和测绘纵横断面,应从管道的起点开始,沿管道中线测设一些桩点,这些桩点统称为中线桩,简称中桩。测设这些中线桩的工作称为中桩测设。

（1）中桩分类

整桩:每隔某一整数设置一桩,这种桩叫整桩。整桩间距为 20、30 或 50 m。

加桩:在整桩间如有地面坡度变化以及重要地物(铁路、公路、桥梁、旧有管道等)都应增设加桩。

（2）中桩测设

测设中桩时可用经纬仪确定量距的方向,用钢尺测设距离。若采用拨角法测设主点,也同时测设整桩和加桩。

测设出的中线桩,均应在木桩侧面用红油漆标明里程,即从管道起点沿管道中线到该桩点的距离。例如某一加桩距管道起点的距离为 3 154.36 m,则其桩号为 3+154.36,即千米数＋米数。

不同管道的起点不同,主要可以分为以下几类:

1）给水管道以水源为起点;

2）排水管道以下游出水口为起点;

3）煤气、热力等管道以来气方向为起点;

4）电力、电信管道以电源为起点。

3.管道转向角测量

管道改变方向时,转变后的方向与原方向之间的夹角称为转向角(或称偏角),以 α 表示,如图 5.3 所示。

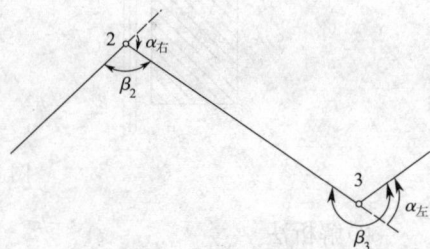

图 5.3　管道转向角

转向角有左、右之分,偏转后的方向位于原来方向右侧时,称为右转向角;偏转后的方向位于原来方向左侧时,称为左转向角。

偏角用管线的右角 β 来计算,计算公式如下

$$\alpha_{左} = \beta_3 - 180°$$
$$\alpha_{右} = 180° - \beta_2 \tag{5.1}$$

4.绘制管线里程桩图

表示管线两侧带状地区地物、地貌情况的草图,是根据里程桩的位置描绘的,故称为里程桩手簿。

如图 5.4 所示,绘制管线里程桩图时,先在手簿的毫米方格纸上绘出一条粗直线表示管道的中心线,并标注出主点和中桩里程,在管线的转折点,用箭头表示出管线转折的方向,并注明转向角的数值,但转折以后的管线仍用原来的直线表示管道中线。带状地形图的宽度一般以中线为准左、右各 20 m,如遇建筑物,则需测绘到两侧建筑物,并用统一图示表示。

测绘的方法主要用皮尺以距离交会法或直角坐标法为主进行,也可用皮尺配合罗盘仪以极坐标法进行测绘。

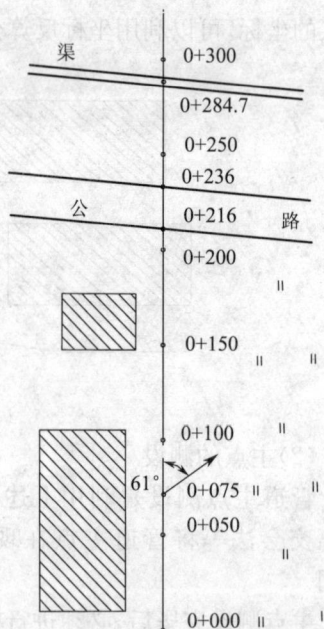

图 5.4　管线里程桩图

典型工作任务 2　管道断面测量

5.2.1　工作任务

通过管道断面测量的学习,主要能够承担以下工作任务:

1.测量管道中线桩的地面高程,并根据各桩的里程和测得的高程绘制纵断面图。

2.在各中线点上,沿垂直于中线方向测量地面的起伏情况,并绘制成横断面图。

5.2.2　相关配套知识

1.纵断面图的测绘

管线纵断面测量的内容是根据沿管线中心线所测得的桩点高程和桩号绘制成纵断面图。

(1)水准点的布设

1)一般在管道沿线每隔 1~2 km 设置一永久性水准点,作为全线高程的主要控制点,中间每隔 300~500 m 设置一临时性水准点,作为纵断面水准测量分别附合和施工时引测高程的依据。

2)水准点应布设在便于引点、便于长期保存,且在施工范围以外的稳定建(构)筑物上。

3)水准点的高程可用附和(或闭合)水准路线,自高一级水准点,按四等水准测量的精度和要求进行引测。

(2)纵断面水准测量

纵断面测量通常以相邻两水准点为一测段,从一个水准点出发,逐点测量各中桩的高程,再附合到另一水准点上,进行校核。

实际测量中,可采用中间点法,如图 5.5 所示。由于转点起传递高程的作用,故转点上读数应读至 mm,中间点读数只是为了计算本点的高程,读数至 cm 即可。测量出来的数据记录在表 5.1 中。

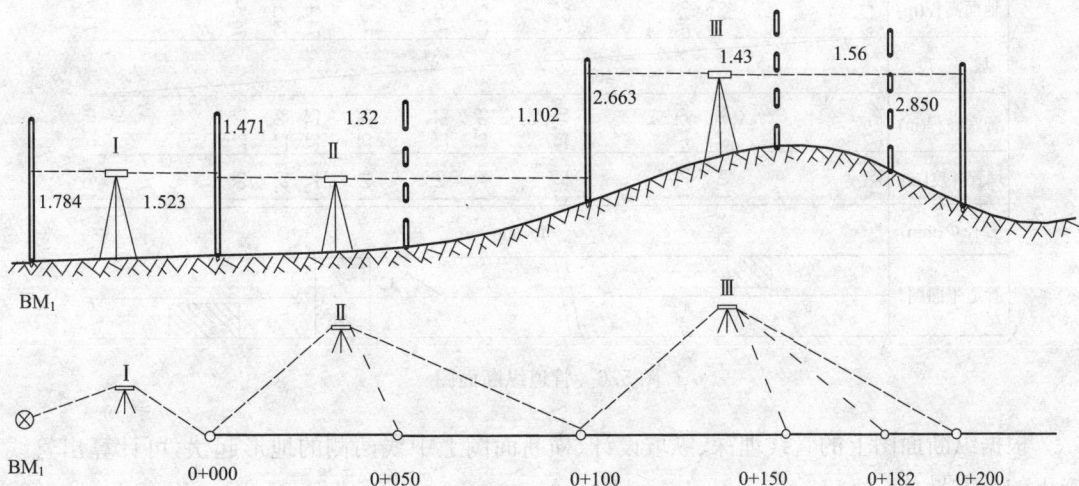

图 5.5　纵断面水准测量示意图

表 5.1　管道纵断面水准测量记录手簿

测站	测点	水准尺读数(m)			视线高程(m)	高程(m)	备注
		后视	前视	中间视			
Ⅰ	BM1	1.784			130.526	128.742	
	0+000		1.523			129.003	
Ⅱ	0+000	1.471			130.474	129.003	
	0+050			1.32		129.15	
	0+100		1.102			129.372	水准点 $H_{BM1}=128.742$
Ⅲ	0+100	2.663			132.035	129.372	
	0+150			1.43		130.60	
	0+182			1.56		130.48	
	0+200		2.850			129.185	

(3)纵断面图的绘制

一般绘制在毫米方格纸上,横坐标表示管道的里程,纵坐标表示高程。里程比例尺有 1∶5 000、1∶2 000 和 1∶1 000 几种,一般高程比例尺比里程比例尺大 10 或 20 倍。

纵断面图分为上下两部分,如图 5.6 所示的上半部分绘制原有地面线和管道设计线;下半部分填写有关测量及管道设计数据。

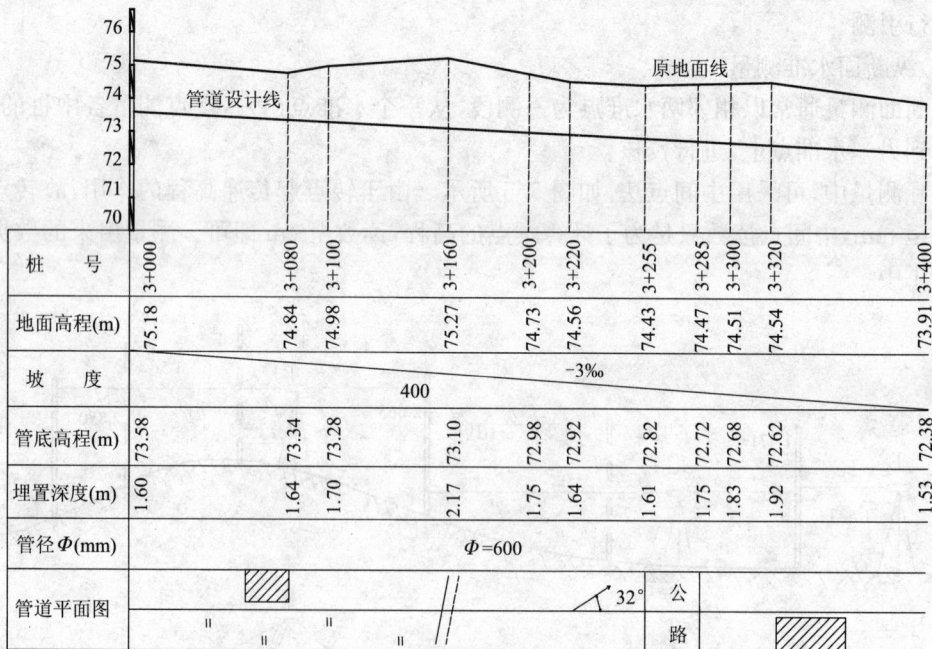

图 5.6　管道纵断面图

根据纵断面图上的管线埋深、纵坡设计、横断面图上中线两侧的地形起伏,可计算出管线施工的土方量。

管道纵断面图绘制步骤如下:

1)打格制表。

2）填写数据。

3）绘地面线。

4）标注设计坡度线。

5）计算管底设计高程。

6）绘制管道设计线。

7）计算管道埋深。

8）在图上注记有关资料。

2. 横断面图的测量

在中线各整桩和加桩处垂直于中线的方向,测出两侧地形变化点至管道中线的距离和高差,依此绘制的断面图称为横断面图。横断面反映的是垂直于管道中线方向的地面起伏情况,它是计算土石方和施工时确定开挖边界等的依据。

距离和高差的测量方法可用标杆皮尺法、水准仪皮尺法、经纬仪视距法等。

横断面图一般绘制在毫米方格纸上。为了方便计算面积,横断面图的距离和高差采用相同的比例尺,通常为 1∶100或1∶200。

如图 5.7 所示,绘图时,先在适当的位置标出中桩,注明桩号;然后,由中桩开始,根据外业测定的距离和高程(见表 5.2),按规定的比例分左右两侧将地形变化点逐一展绘出来;用直线把相邻点连接起来,即绘出管道的横断面图。

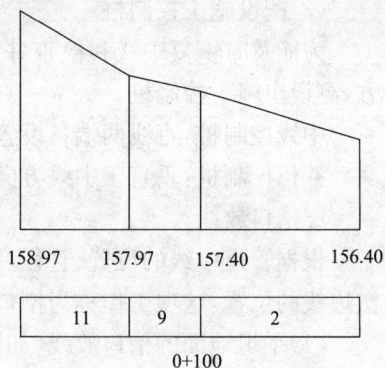

158.97	157.97	157.40	156.40
11	9	2	

0+100

图 5.7　管道横断面测量示意图

表 5.2　管道横断面水准测量记录手簿

测站	桩号	水准尺读数			仪器视线高程(m)	高程(m)	备注
		后视	前视	中间视			
3	0+100	1.970			159.367	157.397	
	左9			1.40		157.97	
	左20			0.40		158.97	
	右20			2.97		156.40	
	0+200		1.848			157.519	

典型工作任务 3　管道施工测量

5.3.1　工作任务

通过管道施工测量的学习,主要能够承担以下工作任务:

1. 复核中线和测设施工控制桩。

2. 槽口放线。

3. 施工控制标志的测设。

5.3.2　相关配套知识

1. 施工测量的准备工作

（1）熟悉图纸

熟悉管道平面图、纵横断面图等资料，熟悉图纸并校核图上的有关数据，做到对设计内容、施工现场和测量方案心中有数。

（2）校核中线位置

一般在设计阶段标定于地面的中线桩就是施工时管道的中线位置。施工前应对其进行校核，若中线桩丢损，中线校核时应重新恢复这些桩点。另外，如果管道施工中线的位置有所变动，则应按设计资料重新测设改线后的中线桩。

（3）测设施工控制桩

为能及时恢复中线和检查井的位置，应在不受施工干扰、便于保存点位和引测方便的地方，测设出施工控制桩。

中线控制桩：直线两端各设置至少两个。

井位控制桩：垂直于中线方向的两侧各设置一个。

2. 槽口放线

根据管道中线的位置、管径、埋设深度和土质情况，决定管沟开挖的宽度，并在地面上定出槽边线的位置，这项工作称为槽口放线。

（1）平坦地面的槽口放线（如图 5.8 所示）：

$$2B = 2b + 2mh \tag{5.2}$$

式中　b——槽底的半宽；

　　　m——根据土质决定的沟槽边壁坡度的倒数；

　　　B——槽口半宽；

　　　h——中线上的挖槽深度＝地面高程－槽底设计高程。

（2）倾斜横坡的槽口放线（采用试探法，如图 5.9 所示）

$$B_1 = b + m_1 h_1 + m_3 h_3 + c$$
$$B_2 = b + m_2 h_2 + m_3 h_3 + c \tag{5.3}$$

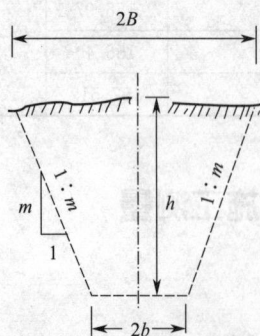

图 5.8　平坦地面的槽口　　　　　图 5.9　倾斜横坡的槽口

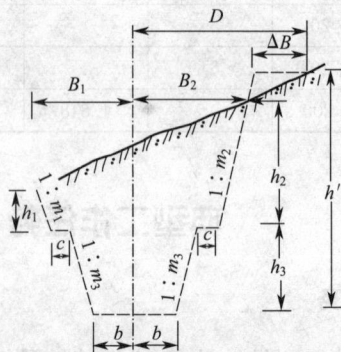

3. 测设施工标志

管道施工测量的主要任务是根据工程进度，及时测设控制管道中线位置和高程位置的施工标志，以使施工按设计的要求进行。

施工标志测设的常用方法有龙门板法和腰桩法两种。

(1)龙门板法

龙门板由坡度板和高程板组成,如图 5.10 所示。

1)设置坡度板

每隔 10～20 m 设置一块坡度板。

2)投测中线,用中线钉标定出中线位置。

3)测设坡度钉

为了控制管道埋深,还应在坡度板上测设出高程标志——坡度钉。坡度钉到管底设计高程的差值为一常数(这一常数称为下返数 C),这对施工时检查管底高程将十分方便。调整数的计算公式为:

$$\delta = C - (H_{板顶} - H_{管底})$$

按此式计算的坡度钉调整数若大于零,应向上调整;反之应向下调整。

测设出的数据记录在表 5.3 中。

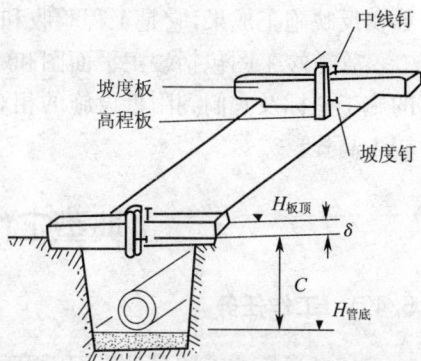

图 5.10　龙门板法测设施工标志

表 5.3　坡度钉测设记录

桩号	距离	坡度	板顶高程	管底高程	板顶下返数	固定下返数	调整数	坡度钉高程
1	2	3	4	5	6	7	8	9
0+000			45.235	42.750	2.485		+0.015	45.250
0+020	20		45.406	42.650	2.756	2.500	−0.256	45.150
0+040	20	−5‰	45.212	42.550	2.662		−0.162	45.050
0+060	20		45.085	42.450	2.635		−0.135	44.950

4)检查坡度钉高程

所有坡度钉测设好后,应重新测量其高程,检查是否有误。在施工过程中,也应经常检查坡度钉的高程,以便管道施工的正确进行。

(2)平行轴腰桩法

在地面坡度较大、管径较小、精度要求较低的情况下,可用平行轴腰桩法控制管道的中线和坡度。如图 5.11 所示。

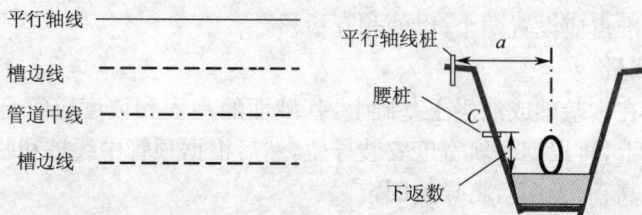

图 5.11　平行轴腰桩法施工标志

测设步骤如下:

1)测设平行轴线:控制管道中线位置。

2)测设腰桩:控制管道中线的高程。

4.管道竣工测量

管道工程竣工后,应及时进行竣工测量,整理并编绘全面的竣工资料和竣工图。竣工图应如实反映施工成果,它是工程验收和管道投产后进行管理、维修或扩建时的重要技术档案。

管道竣工图包括竣工平面图和竣工断面图两种。竣工平面图上应标明管道节点和转折点的施工坐标及它们到附近设施的相对距离。管道竣工断面图上则应标明管顶和检查井井口的竣工高程。

典型工作任务 4　顶管施工测量

5.4.1　工作任务

通过顶管施工测量的学习,主要能够承担以下工作任务:

1.测设顶管中线桩。

2.顶进过程中的测量。

5.4.2　相关配套知识

地下管线穿越公路、铁路或其他重要建筑物时,常用顶管施工法。顶管施工是在预先挖好的工作坑内安放道轨(铁轨或方木),将管道沿所要求的方向顶进土中,再将管内土方挖出。

顶管施工精度要求高,常采用 1：200~1：500 比例尺的平面图进行技术设计,在图上标出管道中线、顶管的起终点位置及前后管道的位置。施工时,在顶管的起点位置事先挖好工作坑,坑内安放导轨(钢轨或方木),将管材放在导轨上,用顶镐(千斤顶)将管材按设计的方向顶入土中,同时取出进入管内的土壤。

顶管施工中,测量工作的主要任务是测设管道的中线和高程位置,并在顶进过程中检查管道的方向和高程是否正确。

1.施工准备时的测量工作

(1)测设顶管中线桩

在工作坑位置的前后测设两个中线控制桩;根据中线控制桩放样出开挖边界;工作坑开挖到设计高程后,再根据中线控制桩用经纬仪将管道中线引测到坑壁上,并钉设木桩,用以控制顶管的中线位置,此桩称为顶管中线桩。

(2)设置临时水准点

为了控制管道按设计的高程和坡度顶进,可在工作坑内设置大木桩,并测定其高程作为临时水准点。临时水准点应设置两个,以便相互检核。

(3)导轨安装测量

导轨一般安装在木基础或混凝土基础上,基础面的高程和坡度应符合设计要求。安装前先将中线标在基础上,再根据导轨宽度安装导轨,然后根据顶管中线桩和临时水准点检查调整导轨的中线位置和高程,无误后将导轨固定。

2.顶进过程中的测量工作

顶管施工中每顶进 0.5 m,就应进行一次中线测量和高程测量。

顶管的质量要求为:高程允许偏差＋10 mm,－20 mm;中线允许偏差 30 mm;管子错口一般不得超过 10 mm,对顶时不得超过 30 mm。

(1)中线测量

根据地面中线桩或中线控制桩,用经纬仪将管道中线引测到坑壁上。在两个顶管中线桩拉细线,紧贴细线挂两根垂球线,两垂球的连线方向即为管道中线方向。

如图 5.12(a)所示,先挖好顶管工作坑,然后根据地面的中线桩或中线控制桩,用经纬仪将管道中线引测到坑壁上。

在两个顶管中线桩上拉一条细线,紧贴细线挂两根垂球线,两垂球的连线方向即为管道中线方向,如图 5.12(b)所示。

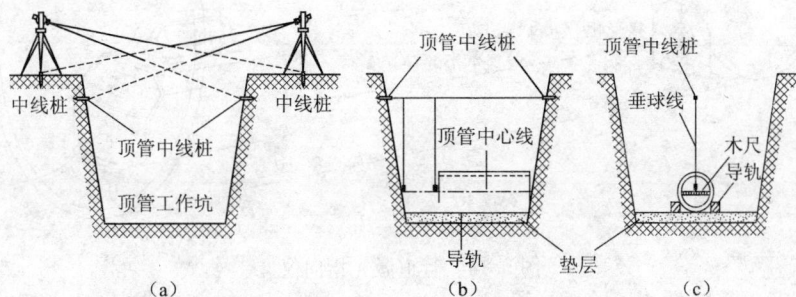

图 5.12　中线测设

在管内安置一个带分划的水平尺,水平尺的分划以中央为零向两端增加。如果两垂球的方向线与木尺上的零分划线重合如图 5.12(c)所示,则说明管道中心在设计管线方向上,否则,说明管道有偏差,偏差值可在水平尺上读出。当偏差值大于 1.5 cm 时,则需校正管道中心。

也可用经纬仪或激光准直仪代替垂球,在管内前端水平放置一把木尺,尺上有刻划并标明中心点,用经纬仪可以测出管道中心偏离中线方向的数值,依此在顶进中进行校正(如图 5.13所示)。如果使用激光准直经纬仪,则使其沿中线方向发射一束激光,激光是可见的,所以管道顶进中的校正更为方便。

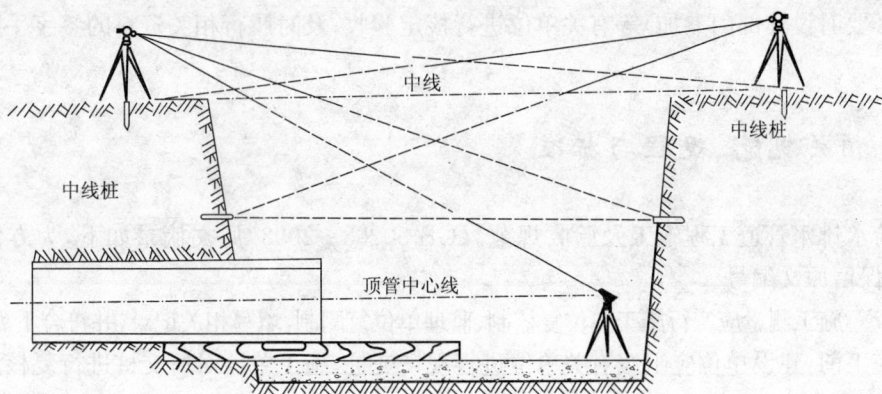

图 5.13　顶管中心线方向测设

(2)高程测量

在工作坑内布设好临时水准点,用水准测量方法测出管底高程,将实测高程值与设计高程之差大于±5 mm,需要校正。

在管道顶进过程中,每顶进 0.5 m 应进行一次中线测量和高程测量。顶管距离较长时,应每隔 100 m 开挖一个工作坑,采用对向顶管施工方法,其贯通误差应不超过 3 cm。

当顶管距离太长、直径较大时,可用激光水准仪或激光经纬仪导向,也可用拓普康 TP－L4GV 自动安平管道激光仪。管道激光仪可精确地测出管道坡度(如图 5.14 所示)。

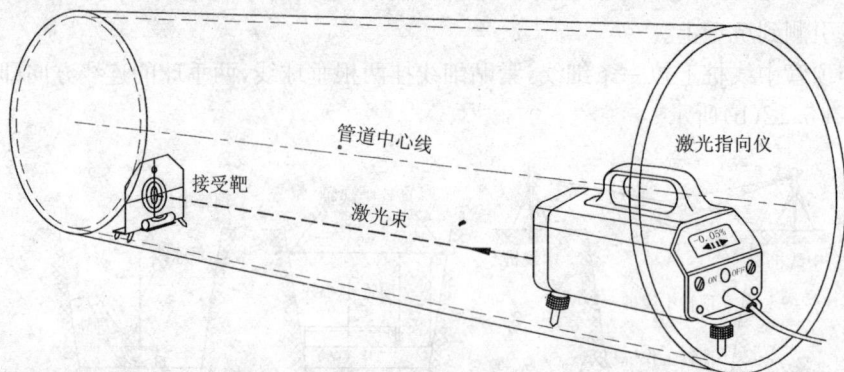

图 5.14　管道激光指向仪

知识拓展——管道施工

管道施工的主要施工工序如下:测量放样→基槽开挖→基槽降水→回填碎石→回填中砂→下管安装→闭水试验→回填中砂→回填石屑→回填素土→分层夯实

施工测量过程中,要对管道轴线控制桩、高程桩经过复核,之后方可使用,并要经常校核。施工测量的允许误差应符合要求。

所有工程测量应编制施工测量方案并予以审批,做好观测记录和测量成果表,并按照文件与资料控制工作程序进行各种原始资料的留存、收集、整理和归档。从厂区控制网的建立到构筑物的细部测量,都应遵循"测量、复测、专职或技术负责人检查"的程序,并组织业主、监理、质量监督(必要时设计部门参加)等有关单位进行核定验收,及时履行相关资料的签字手续。

相关规范、规程与标准

1.《给水排水管道工程施工及验收规范》(GB 50268—2008)原文摘录如下,为方便表述,以下内容保留原文编号。

3.1.7　施工测量应实行施工单位复核制、监理单位复测制,填写相关记录,并符合下列规定:

(1)施工前,建设单位应组织有关单位进行现场交桩,施工单位对所交桩进行复核测量;原测桩有遗失或变位时,应及时补钉桩校正,并应经相应的技术质量管理部门和人员认定;

(2)临时水准点和管道轴线控制桩的设置应便于观测、不易被扰动且必须牢固,并应采取保护措施;开槽铺设管道的沿线临时水准点,每 200 m 不宜少于 1 个;

(3)临时水准点、管道轴线控制桩、高程桩,必须经过复核方可使用,并应经常校核;

(4)不开槽施工管道,沉管、桥管等工程的临时水准点、管道轴线控制桩,应根据施工方案进行设置,并及时校核;

(5)对既有管道、构(建)筑物与拟建工程衔接的平面位置和高程,开工前必须校测。

3.1.8 施工测量的允许偏差,应符合表3.1.8的规定,并应满足国家现行标准《工程测量规范》(GB 50026—2007)和《城市测量规范》CJJ 8 的有关规定;对有特定要求的管道还应遵守其特殊规定。

表 3.1.8 施工测量的允许偏差

项 目		允许偏差
水准测量高程闭合差	平地	$\pm 20\sqrt{L}$(mm)
	山地	$\pm 6\sqrt{n}$(mm)
导线测量方位角闭合差		$\pm 40\sqrt{n}$(″)
导线测量相对闭合差	外槽施工管道	1/1 000
	其他方法施工管道	1/3 000
直接丈量测距的两次较差		1/5 000

注:1. L 为水准测量闭合路线的长度(km);

2. n 为水准或导线测量的测站数。

2.《工程测量规范》(GB 50026—2007)原文摘录如下,为方便表述,以下内容保留原文编号。

7.1.1 本章适用于埋设在地下的各类管道、各种电缆的调查和测绘。

7.1.2 地下管线测量的对象包括:给水、排水燃气、热力管道;各类工业管道;电力、通信电缆。

7.1.3 地下管线测量的坐标系统和高程基准,宜与原有基础资料相一致。平面和高程控制测量,可根据测区范围大小及工程要求,分别按本规范第3章和第4章有关规定执行。

7.1.4 地下管线测量成图比例尺,宜选用1∶500 或1∶1 000,长距离专用管线可选用1∶2 000~1∶5 000。

7.1.5 地下管线图的测绘精度,应满足实际地下管线的线位与邻近地上建(构)筑物、道路中心线或相邻管线的间距中误差不超过图上 0.6 mm。

7.1.6 作业前,应充分收集测区原有的地下管线施工图、竣工图、现状图和管理维修资料等。

7.1.7 地下管线的开挖、调查,应在安全的情况下进行。电缆和燃气管道的开挖,必须有专业人员的配合。下井调查,必须确保作业人员的安全,且应采取防护措施。

7.3.1 图根点控制测量,按本规范第5.2节的规定执行。

7.3.2 管线点相对于邻近控制点的测量点位中误差不应大于 5 cm,测量高程中误差不应大于 2 cm。

7.3.3 地下管线图测量,包括管线路线、管线附属设施和地上相关的主要建(构)筑物等。

7.3.4 管线点平面坐标宜采用全站仪极坐标法施测,高程可采用水准仪测量或电磁波测距三角高程测量的方法施测;管线点也可采用 GPS-RTK 方法施测。点位的调查编号与测量点号相一致或对应。

7.3.5 管线附属设施以及地上相关的主要建(构)筑物、道路、围墙等的测量,应按本规范第 5.3.1~5.3.18 条执行。

7.4.1 地下管线应绘制综合管线图。当线路密集或工程需要时,还应绘制专业管线图。

7.4.2 地下管线图的图幅与编号,宜与测区原有地形图保持一致。也可采用现行设计图幅尺寸等。

7.4.3 地下管线图的图式和要素分类代码应符合下列规定:

1. 地下管线图的图式，应采用国家标准《1∶500 1∶1 000 1∶2 000 地形图图式》(GB/T 7929—2007)。

2. 地下管线及其附属设施的要素分类代码，应采用国家标准《1∶500 1∶1 000 1∶2 000 地形图要素分类与代码》(GB 14804—1993)。

3. 对于图式和要素分类代码中的不足部分，应进行补充。补充的图式和代码，可根据工程总图、给排水、热力、燃气、电力、电信等专业的国家标准或行业标准中的相关部分进行确定。

7.4.4 测绘软件和绘图仪的选用，应分别符合本规范第 5.1.9 条和 5.1.10 条的规定。

7.4.5 数字地下管线图的编辑处理，应符合下列规定：

1. 综合管线图，宜分色、分层表示。

2. 管线图上高程的点注记，应精确至 0.01 m。

3. 管线图的编辑处理，应按本规范第 5.3.30～5.3.34 条和 5.3.36 条的相关规定执行。

7.4.6 纸质地下管线图的绘制，应满足下列要求：

1. 管线图的绘制，应符合本规范第 5.3.38～5.3.41 条的相关规定。

2. 综合管线图，可分色表示。

3. 管线的起点、分支点、转折点及终点的细部坐标、高程及管径等，宜注记在图上。坐标和高程的注记应精确至 0.01 m。当图面的负荷较大时，可编制细部坐标成果表并在图上注记分类编号。但对同一个工程或同一区域，应采用同一种方法。

4. 直立排列或密集排列的管线，可用一条线上分别注记各管线代号的方法表示；当密集管线需要分别表示时，如图上间距小于 0.2 mm，应按压力管线让自流管线，分支管线让主管线，小管径管线让大管径管线，可弯曲管线让不易弯曲管线的原则，将避让管线偏移，绘图间距宜为 0.2 mm。根据需要，管线局部可绘制放大图。

5. 同专业管线立体相交时，宜绘出上方的管线，下上方的管线两侧各断开 0.2 mm 时，应按实际宽度比例绘制；管线尺寸应在图上标注。

项目小结

管道工程测量的任务包括两个方面：一是为管道工程的设计提供地形图和断面图；二是按设计要求将管道位置标定于实地。其具体内容包括如下各项工作：

(1)准备资料：收集规划设计区域的 1∶10 000(或 1∶5 000)、1∶2 000(或 1∶1 000)地形图以及原有管道平面图、断面图等资料；

(2)图上定线：利用已有地形图，结合现场勘察，进行规划和图上定线；

(3)地形图测绘：根据初步规划的线路，实地测量管线附近的带状地形图，如该区域已有地形图，则需要根据实际情况对原有地形图进行修测；

(4)管道中线测量：根据设计要求，在地面上定出管道的中心线位置，即管道主点(包括起点、转点、终点)桩测设、交点桩的测设、线路转折角测量、里程桩和加桩的标定等；

(5)纵横断面图测量：测绘管道中心线方向和垂直中心线方向的地面高低起伏情况；

(6)管道施工测量：根据设计要求，将管道敷设于实地所需进行的测量工作；

(7)管道竣工测量：将施工后的管道位置，通过测量绘制成图，以反映施工质量，并作为使用期间维修、管理以及今后管道扩建的依据。

复习思考题

1. 管道工程测量的主要工作有哪些?

2. 简述解析法管道中线测量。

3. 简述管道纵断面的绘制。

4. 如下表,已知管道起点 0+000 的管底高程为 28.250 m,管道坡度为−5‰的下坡,在表中计算出各坡度板处的管底设计高程,再根据选定的下返数计算出各坡度钉高程及改正数。

坡度钉测设手簿

桩号	距离(m)	设计坡度	管底设计高程(m)	坡度钉下返数(m)	坡度钉高程(m)	坡度板高程(m)	改整数(m)
1	2	3	4	5	6=4+5	7	8=6−7
0+000						30.267	
0+010						30.205	
0+020	1	−5‰	28.250	1.900		30.015	
0+030						29.987	
0+040						30.006	
0+050						29.774	

项目6 架空送电线路测量

项目描述

测量工作在送变电线路工程建设中起着重要的作用,其主要内容表现在以下几个方面:一是在工程规划阶段要依据地形图确定线路的基本走向,得到线路的长度、曲折系数等基本数据,用以编制投资框算,进行工程造价控制,论证规划设计的可行性;二是在工程设计阶段要依据地形图及其他信息进行选择和确定线路路径方案,实地对路径中心进行测定,测量所经地带的地物、地貌并绘制成具有专业特点的送电线路平断面图,为线路电气、杆塔结构设计、工程施工及运行维护提供科学依据;三是在施工阶段,要依据上述平断面图,对杆塔位置进行复核和定位,要依据杆塔中心桩位准确地测设杆塔基础位置,对架空线弧垂要精确测量;四是施工完毕后,对基础、杆塔、架空线弧垂的质量进行检测,确保施工质量符合设计要求,以保证送电线路的安全运行。

本项目主要介绍送电线路测量工作中的选线测量、定线测量、平断面测量、交叉跨越测量和定位测量。

拟实现的教学目标

1.能力目标
● 能够对架空送电线路路径进行选择及定线测量;
● 能够进行杆塔定位测量、杆塔基坑放样、拉线放样以及导线弧垂的放样与观测。

2.知识目标
● 了解选取线路时应该考虑的因素;
● 掌握矩形法定线、三角形法定线的做法及实施步骤;
● 掌握分坑数据计算方法;
● 掌握单杆基础坑及直线双杆基础坑测量步骤;
● 掌握 V 形拉线、X 形拉线测量方法;
● 掌握异长法、等长法、角度法及平视法进行弧垂观测时的适用条件及方法。

3.素质目标
● 养成全面考虑问题的习惯;
● 养成分工协作的意识;
● 具备一定协调组织能力。

典型工作任务 1 路径方案的选择

6.1.1 工作任务

通过路径方案的选择知识的学习,主要能够承担以下工作任务:

1. 室内进行输电线路的选取。
2. 根据线路路径图上已选取出的初步方案进行现场踏勘。

6.1.2 相关配套知识

线路路径的选择称为选线,是勘测设计工作的一个重要环节。选线的目的就是要在线路起讫点间选出一个全面符合国家项目建设的有关规范,解决所涉及与其他建设项目相互地理位置之间的协调关系,充分研究比较线路所经区域的地形、水文、地质条件,在满足上述条件的情况下,选择线路长度最短、施工方便、运行安全、便于维护的路径方案。

1. 室内选取线路

利用小比例尺地形图或者航空摄影相片,根据线路规划建设的要求和已知起讫点的地理位置选择线路的路径走向。

选取线路时应考虑下列因素:

(1)已有地上、地下的建筑物对规划设计中各项工程设施的影响;

(2)城镇和乡村规划情况;

(3)是否经过洼地、冲刷地带、不良地质和地形复杂地带;

(4)与重要通信设施的跨越或平行情况。

除上述之外还应考虑安全运行、施工与维护、交通条件、转角和跨越已用线路长度等,要充分考虑其他规划线路路径走廊的预留问题。

对选定的几个初步方案,经过经济、技术、安全及环保等方面的综合比较后,确定一两个较优方案,在图上标出起讫点的走向和转角位置,并计算出各拐点的坐标。该图也称为线路路径图。

2. 实地勘察

实地勘察是根据线路路径图上已经选取出的初步方案现场踏勘,核对地形的变化情况,从而确定方案的可行性。在踏勘的过程中可采用仪器测出线路的转角,并在线路必须通过的位置留下标记,作为定线测量时的测量目标。对于大跨越点或拥挤地段的重要位置还要绘制平面图。同时,应对施工运输的道路、航道、受线路影响范围内的通信线路和其他跨越物,以及线路所经过地带的地质、水文等情况,进行详细的调查。

选线工作通常需携带罗盘仪、GPS 和手持测距仪等设备到实地踏勘调绘地形图。多功能手持 GNSS,集电子罗盘仪、激光测距仪、数码相机等功能于一体,单机定位精确度可达 5 m 以上。可以满足架空送电线路在 1∶10 000、1∶50 000 地形图上选线的需要。在影响线路路径走向的大跨越及重要交叉跨越地段、各种矿区及军事禁区地段、新建隧道等重大工程地段,无法直接到达目标点观测或即使到达却为 GPS 信号盲区等情况时,利用多功能手持 GNSS 进行偏心测量和拍照取景即可完成观测,从而能为设计人员选出理性路径提供帮助。多功能手持 GNSS 的存储功能,可将工程终堪所经路段的起点、终点和拐点等及时记录到数据文件中,通过接口线缆下载到台式机上,进行编辑和调绘地形图。

在路径影响范围内各方面的技术原则落实后,且经现场确定其可行,再由审查部门通过,这样路径方案才能最后确定。

方案确定后,再进行终堪定线、断面测量及杆塔定位等工作。

典型工作任务 2　选定线测量

6.2.1　工作任务

通过选定线测量知识的学习,主要能够承担以下工作任务:

1. 完成选线测量。

2. 进行定线测量。

6.2.2　相关配套知识

选线测量是根据已经确定的路径方案,采用测量仪器来测定线路中心的起点、直线点、转角点和终点的位置,逐点在实地确定,并用标志物标定方向。精确测定线路中心线的起点、转角点和终点间各线段的工作则称为定线测量。实际工作中定线测量通常有直接定线、间接定线(矩形法、三角形法)、坐标定线、GPS 定线几种方法。

1. 直接定线

直接定线是采用全站仪或经纬仪正(盘左)、倒(盘右)镜分中法延长直线,如图 6.1 所示。

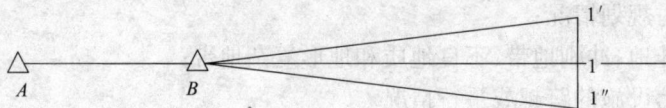

图 6.1　正倒镜分中延线法

具体操作步骤如下:

(1)在 B 点架设经纬仪(全站仪),对中、整平;

(2)盘左用望远镜瞄准 A 点后,固定照准部;

(3)把望远镜绕横轴旋转 180°定出待定点 1′;

(4)盘右重复步骤(2)、(3)得待定点 1″;

(5)取 1′和 1″的中点为 1,则 1 点为待放直线上的点。

在正倒镜分中延线法中采用盘左、盘右主要是为了避免经纬仪视准轴不垂直于横轴而引起的视准轴误差的影响。

2. 间接定线

若线路前视方向有障碍物而不能通视,可采用矩形法或三角形法等间接方法来完成直接定线。

(1)矩形法定线

如图 6.2 所示,线路中 AB 直线前视方向视线被建筑物挡住,可采用矩形法来延长 AB 直线。

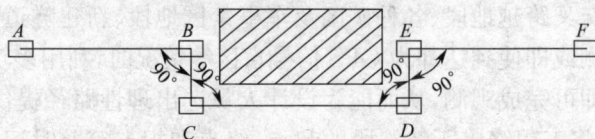

图 6.2　矩形法定线

具体做法如下：

1) 在 B 点上安置仪器，后视 A 点，拨 $90°$，在视线方向上跨越障碍物确定一点 C，量取 S_{BC}；

2) 在 C 点上安置仪器，后视 B 点，拨 $90°$，在视线方向上越过障碍物确定一点 D，量取 S_{CD}；

3) 在 D 点上安置仪器，后视 C 点，拨 $90°$，在视线方向上越过障碍物确定一点 E，量取 $S_{DE}=S_{BC}$；

4) 在 E 点上安置仪器，后视 D 点，拨 $90°$，在视线方向上确定点 F，EF 方向即为 AB 延长线方向。

（2）三角形法定线

用三角形延长直线的测量方法，称为三角形法。如图 6.3 所示，直线 AB 的前视方向不通视，采用三角形法测定 AB 的延长线，具体操作步骤如下：

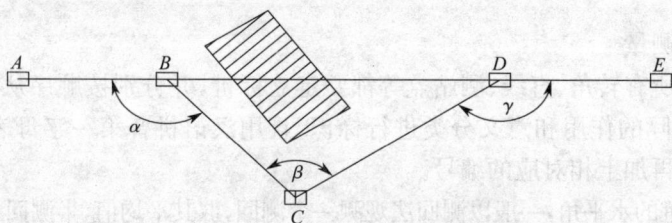

图 6.3　三角形法定线

1) 将仪器安置在 B 点，转角为 α，越过障碍物，测设 BC 线段，量取 S_{BC}；

2) 在 C 点安置仪器，后视 B 点，测设角 β，使视线越过障碍物；

3) 计算 S_{CD} 和 γ：

$$\frac{S_{BC}}{\sin[180°-\beta-(180°-\alpha)]}=\frac{S_{CD}}{\sin(180°-\alpha)} \tag{6.1}$$

$$\gamma=180°-\alpha+\beta \tag{6.2}$$

4) 根据式（6.1）计算的长度 S_{CD}，测定 D 点；

5) 在 D 点安置仪器，拨 γ 角，得 DE 方向，即为 AB 延长线方向。

3. 坐标定线

当线路穿越城镇规划区或拥挤地段时，转角的位置往往提供坐标数据，另外由于有附近控制点的坐标，根据这些已知数据可以反算出线路的方位角 α 和杆间的距离 S，利用全站仪采用极坐标法或坐标点法定出线路上的点。

4. GPS 定线

（1）GPS 坐标系统

GPS 采用 WGS-84 坐标系，它所发布的星历参数就是基于这个坐标系。WGS-84 坐标系全称是 World Geodical System-84（世界大地坐标系-84）。坐标原点位于地球的质心，X 轴和 Y 轴在赤道平面内正交 Z 轴，并与 X、Y 轴构成右手坐标系。坐标可以有两种表达方式：纬度、经度与高程的地理坐标方式，或者由 X、Y 和 Z 组成的地心坐标方式。

（2）坐标系统转换

我国目前广泛采用的大地测量坐标系是 1954 北京坐标系，或者以之为基准建立起来的地方坐标系。在 GPS 测量中，为使杆塔位符合规划要求，经常要进行坐标系转换，所谓坐标系转换就是不同基准间的转换。转换方法很多，其中最常用的为七参数转换法。七个转换参数为

3 个平移参数、3 个旋转参数和 1 个尺度比。

(3)定线测量

由于 GPS 定线不需要点与点之间通视，而且 GPS-RTK 方法能实时动态地显示当前位置，所以实测过程中非常容易控制线路走向以及与其他构筑物的几何关系。如图 6.4 所示，B 和 E 是两个线路的中心控制点，首先用 GPS 流动站分别在这两个点上进行测量，获得 B 和 E 坐标信息，将 BE 坐标信息设置成直线的两点，然后以该直线作为参考线，在 GPS-RTK 手簿的实时导航指示过程中放样线路中间点，即完成 A 和 B 两点间的定线工作。

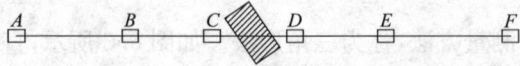

图 6.4　用 GPS-RTK 方法定线

5. 标桩和角度测量

定线测量中对所有转角、直线、测站点等都要定立标桩，并分别按顺序从线路起点开始编号。标桩要按其实际的作用和意义分类进行标识，且用汉语拼音第一字母表示，如直线桩用"Z"，转角桩用"J"，再加上相应的编号。

直线桩和转角桩的水平角，一般以测回法观测一个测回，取其平均值，半测回之差不超过 $\pm 1'$。

线路的转角是指转角点两侧线路中心之间水平夹角的补角，即转角点线路前进方向与原线路的延长线方向之间的水平夹角，如图 6.5 所示。转角 α 折向原线路延长线的左边，称为左转；在延长线的右边，则称为右转。

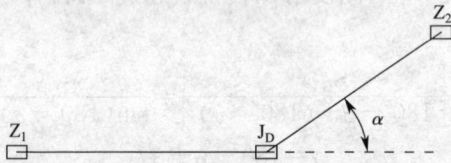

图 6.5　线路的转角

采用 GPS 测量，线路转角是通过两条线段的方位角计算获得的。

典型工作任务 3　杆塔定位测量

6.3.1　工作任务

通过杆塔定位测量知识的学习，主要能够承担以下工作任务：

1. 根据已测绘的线路断面图，设计杆塔的型号和确定杆塔的位置。
2. 杆塔位置进行实地测设。

6.3.2　相关配套知识

杆塔定位测量是根据已测绘的线路断面图，设计线路杆塔的型号和确定杆塔的位置，然后把杆塔位置测设到已经选定的线路中心线上，并钉立杆塔位中心桩作为标志。

1. 杆塔定位

杆塔定位是送电线路设计的一个重要环节，由设计、测量、地质和水文专业人员相互配合，经图上定位和现场定位来完成。设计人员根据断面图和耐张段长度以及平面位置,估列代表档距,选用相对的弧垂模板,在横断面图上比拟出杆塔大约位置,看模板上导线对地的安全距离和对交跨物的垂直距离是否满足技术规程的要求,选用适当的塔型和高度,并最大限度地利用杆塔强度设置适当的档距,同时还要考虑施工、运行的便利和安全。在图上定位后,现场把图上杆塔位置测设到线路中心线上,并进行实地检查验证。当发现塔位不合适时,可及时进行修正。再回到上述图上定位,重新排列杆塔位置,反复进行直到满足要求。图上定位和现场定位可分阶段进行,也可在现场按次序同时进行。一般采用后者,将测断面、定位、交桩三项工作在一道工序上完成。

2.定位测量

当杆塔的实地位置测设后,需对杆塔位的地面高程、杆塔之间的距离(档距)及杆塔的施工基面等进行测量。最后将杆塔位、杆塔高度、杆塔型号、杆塔位序号、档距及弧垂的确定数据标画于断面图上。

典型工作任务 4 杆塔基坑放样

6.4.1 工作任务

通过杆塔基坑放样知识的学习,主要能够承担以下工作任务:

1.进行杆塔分坑测量数据计算。

2.进行基础坑位测量。

6.4.2 相关配套知识

杆塔基坑测量又称为分坑测量,是把杆塔基础坑的位置测设到线路指定的杆塔位上,并订立木桩作为基坑开挖的依据。分坑测量包括分坑数据计算和基础坑位测量两个步骤。

1.分坑数据计算

一条线路上有多种杆塔类型和基础形式,同一类型的杆塔,由于配置基础形式的不同,其分坑数据也不同。

分坑测量是依据施工图设计的线路杆塔明细表的杆塔类型,查取基础根开(相邻基础中心的距离)与其配置的基础形式,获得基础底面宽和坑深。在坑口放样时,还需考虑基础施工中的操作裕度和基础开挖的安全坡度,从而计算分坑测量的数据。图6.6所示是铁塔的基础图的一种,图中上部分为正面图,下部分为平面图。

坑口尺寸根据基础底面宽、坑深、坑底施工操作裕度以及安全坡度进行计算,如图6.7所示,坑口尺寸可用下式计算:

$$a = D + 2e + 2fH \qquad (6.3)$$

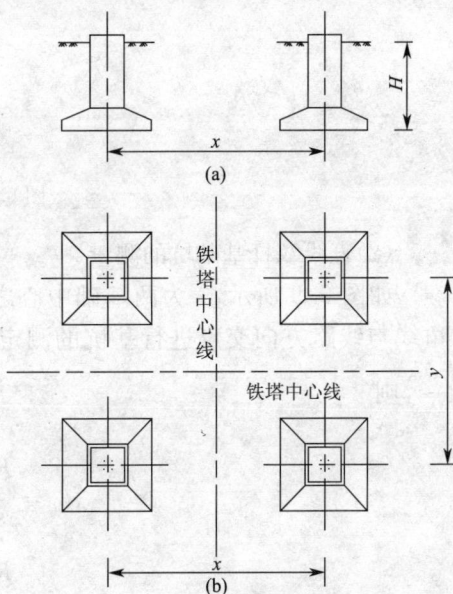

图 6.6 铁塔的基础图

式中　a——坑口放样尺寸；

　　　　D——基础底面宽度，设基础底面为正
　　　　　　方形；

　　　　e——坑底施工操作裕度；

　　　　f——安全坡度；

　　　　H——设计坑深。

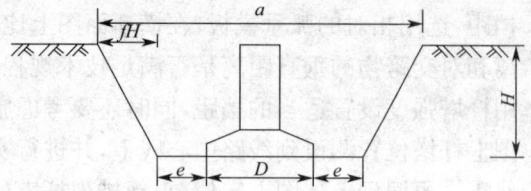

图 6.7　坑口尺寸

2. 基础坑位测量

杆塔基础的形式多种多样，坑位测量的方法也各有差别。

(1)单杆基础坑的测量

单杆基础包括电杆、拉线塔以及钢管杆的主杆基础。施测方法如图 6.8 所示，将仪器安置在杆位中心桩 O 上，瞄准前后杆塔桩或直线桩，以确定线路前进方向。钉立 A、B 辅助桩，将水平度盘设置零，转动仪器角度分别为 $45°$、$135°$、$225°$和 $315°$，在视线方向量取 $\sqrt{2}a/2$，得 4 个点即为单杆基础坑的四顶点标志。

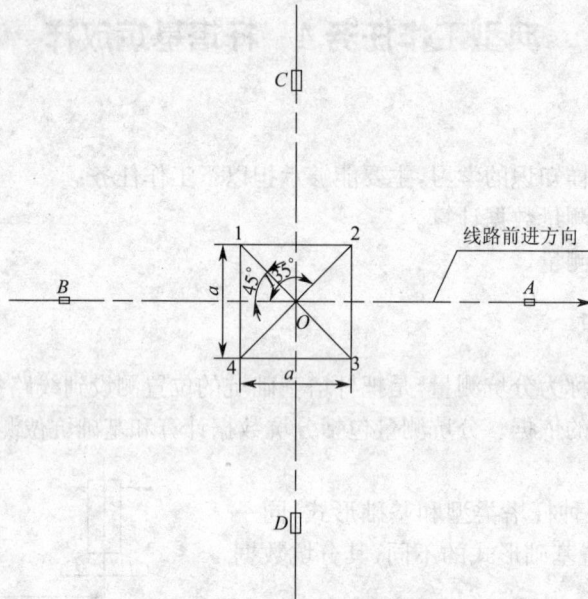

图 6.8　单杆基础坑的测量

(2)直线双杆基础坑的测量

如图 6.9 所示，x 为两基础中心之间的距离，称为基础的根开。通过基坑顶点 1、3 对角线与线路方向交点进行基坑的测定，在顺线路方向上钉立分坑控制桩 E，设 $R = OE = \dfrac{x}{2}$，则

$$\left.\begin{array}{l} d_1 = \dfrac{R - \dfrac{a}{2}}{\sin 45°} = \dfrac{\sqrt{2}}{2}(x - a) \\[4mm] d_2 = \dfrac{R + \dfrac{a}{2}}{\sin 45°} = \dfrac{\sqrt{2}}{2}(x + a) \end{array}\right\} \tag{6.4}$$

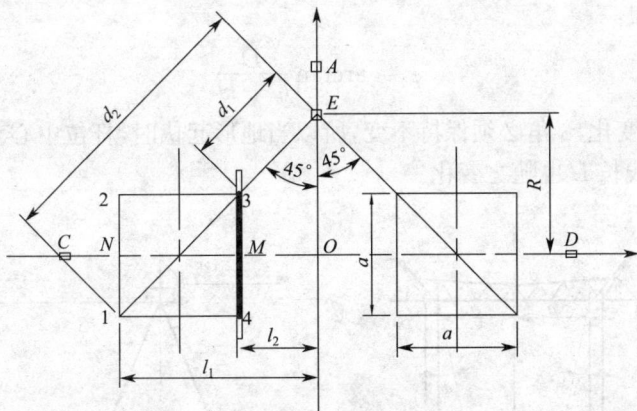

图 6.9　直线双杆基础坑的测量

将仪器移到分坑控制桩 E 点安置,使望远镜对准 B 桩方向,水平旋转 $45°$,量取的 d_1 距离得到 3,量取 d_2 距离得到 1,截取尺长 $2a$,将尺子两端固定于 1、3 两点上,使其中点处构成直角,并拉紧拉平,得正方形 2、4 两点的位置。再分别钉桩,即左侧坑口放样工作。

重复上述方法,可量出右侧基坑口的位置。即完成了直线双杆基坑的测量工作。

典型工作任务 5　拉线放样

6.5.1　工作任务

通过拉线放样知识的学习,主要能够承担以下工作任务:

1. V 形拉线长度计算与拉线坑位测量。

2. X 形拉线长度计算与拉线坑位测量。

6.5.2　相关配套知识

在杆塔组立前,要正确地测定拉线坑的位置,才能使拉线符合设计要求,以保证杆塔的稳定和电气距离的安全。拉线坑的位置与横担轴线之间的水平角,以及拉线对杆轴线的夹角(对地夹角)有关。拉线的形式有四方形、V 形、X 形和八字形。

1. V 形拉线长度计算与拉线坑位测量

如图 6.10 所示,(a)、(b)是直线杆 V 形拉线的正面图和平面布置图。图中,h 为拉线悬挂点至杆位中心桩(O)的垂直高度,a 为拉线悬挂点与线路中心线的水平距离,H 为拉线坑深度,D 为杆塔中心桩(O)至拉线坑中心的水平距离。

如图 6.10(b)所示,拉线坑分布于横担前、后两侧,同侧两根拉线合盘布置在线路的中心线上,当杆位中心 O 点地面与拉线坑中心地面水平时,横担两侧 D 值应相等;当杆位中心 O 点地面与拉线坑中心地面存在高差时,两侧 D 值不相等,则拉线坑中心位置随地形的起伏沿线路中心线移动,拉线的长度也随之增长或缩短。

如图 6.11 所示,O_1 点是两拉线悬挂点的中心;P 点是两根拉线的交点,位于拉线坑坑底中心;M 点是 P 点在地面的投影,N 点是拉线平面中心线 O_1P 与地面的交点(即拉线出土位置);ϕ 是 V 形拉线杆轴线平面与拉线平面之间的夹角;L 是拉线长。其他符号的含义与图 6.10 相同。

由图 6.11 可知：

$$\phi = \arctan \frac{D}{h+H} \tag{6.5}$$

无论地形如何变化，ϕ 角必须保持不变，所以当地形起伏时，杆位中心 O 点至 N 点之间的水平距离 D_0 和拉线长 L 也随之变化。

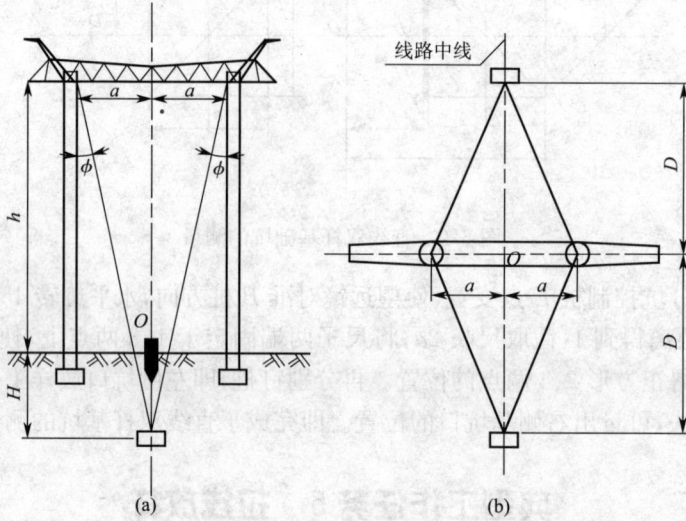

图 6.10　直线杆 V 形拉线的正面图和平面布置图

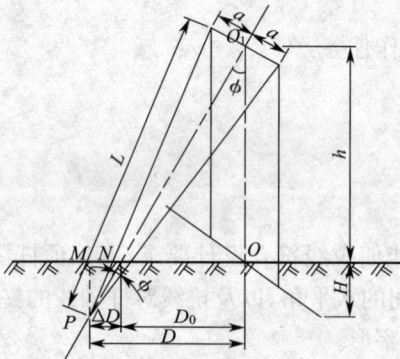

图 6.11　拉线长度公式的推导图　　　　图 6.12　拉线坑位放样图

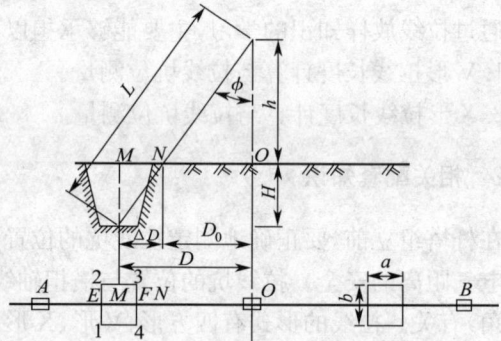

由图 6.11 的几何关系可得出：

$$D_0 = h\tan\phi$$
$$\Delta D = H\tan\phi$$
$$D = D_0 + \Delta D = (h+H)\tan\phi$$
$$L = \sqrt{O_1 P^2 + a^2} = \sqrt{(h+H)^2 + D^2 + a^2} \tag{6.6}$$

式中　D_0——杆位中心至 N 点的水平距离；

　　　ΔD——拉线坑中心桩至 N 点的水平距离；

　　　L——拉线全长；

　　　h——O_1 与 M 点的高差。

如图 6.12 所示，将仪器安置在杆位中心桩 O 点上，望远镜瞄准顺线路 A 点辅助桩，在视线方向上,用尺子分别量取 $ON = D_0$、$NM = \Delta D$,即得到 N、M 两点的位置。然后在望远镜的视线上量取 $ME=MF=a/2$,得 E、F 两点。如图以 E、F 为基准,在垂直方向各量取 $b/2$,得 1、2、3、4 四点,该拉线坑位放样测量完成。

2. X 形拉线坑位测量和拉线长度计算

图 6.13(a)、(b) 是 X 形拉线的正面图和平面布置图。图 6.13(a) 中 h 为拉线悬挂点至地面的垂直高度,ϕ 为拉线与杆轴线垂线间的夹角,a 为拉线悬挂点与杆轴交点至杆中心的水平距离,H 为拉线坑深度;图 6.13(b) 中 β 角是拉线与横担轴线水平方向的夹角,O_1、O_2 两点为拉线与横担轴线的交点,D 为拉线坑中心与 O_1、O_2 间的水平距离,O 点是拉线杆位中心桩标记。

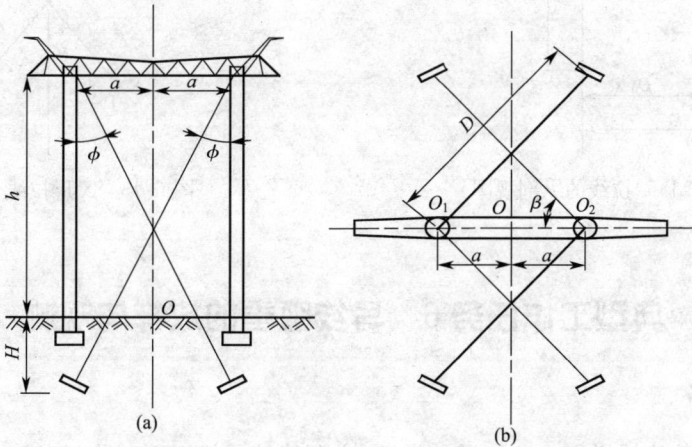

图 6.13　X 形拉线正面图及平面布置图

图 6.14 是平坦地形直线杆 X 形拉线中的一根拉线的纵剖视图。图中 D_0 是拉线悬挂点 O_1 至拉线与地面交点 N 的水平距离,ΔD 是 N 点到拉线坑中心 M 点的水平距离,D 是 O_1 点到拉线坑中心 M 点的水平距离,M 点是拉线坑中心 P 在地面上的位置,L 表示一根拉线的全长。

如图 6.14 所示,设 O_1、N、M 三点位于同一水平线上,则由几何原理得出如下关系:

$$D_0 = h\tan\phi$$
$$\Delta D = H\tan\phi \tag{6.7}$$
$$D = D_0 + \Delta D = (h + H)\tan\phi$$
$$L = (h + H)/\cos\phi$$

由图 6.13(b) 可以看出,X 形拉线布置在横担的两侧,且每一侧各有两个拉线坑,呈对称分布,每根拉线与横担的夹角均为 β。因此,其分坑测量在具体操作方法上,与 V 形拉线的分坑测量有所不同。

如图 6.15 所示,设图中的 4 个拉线坑中心地面位置都与杆位中心桩处地面等高。拉线基础坑分坑测量方法如下:

(1) 在 O 点上安置仪器,在线路垂直方向设置横线路方向,量取 $OO_1 = OO_2 = a$,确定 O_1、O_2 的位置。

(2) 分别在 O_1、O_2 上架设仪器,拨 β 或 2β 角,定出 Ⅰ、Ⅱ、Ⅲ、Ⅳ 四条直线。

注意:为防止拉线相互摩擦而导致钢绞线磨损,一般使两角相差 1°,使拉线坑位的 N 点到 O_1 或 O_2 点的水平距离 D_0 加长或缩短 0.3 m 左右。

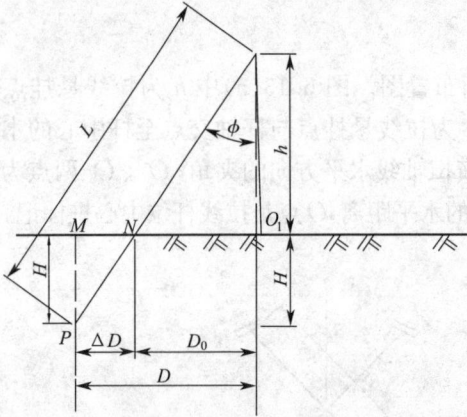

图 6.14　拉线的纵剖视图

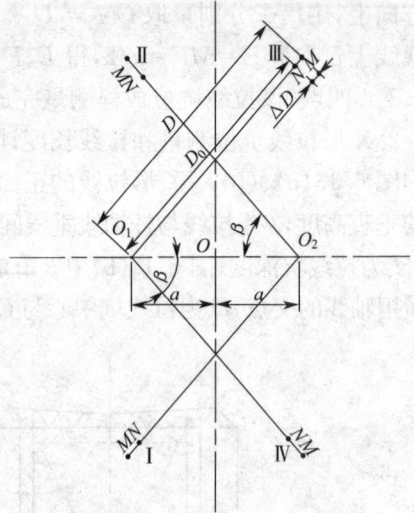

图 6.15　X 形拉线分坑测量

典型工作任务6　导线弧垂的放样与观测

6.6.1　工作任务

通过导线弧垂的放样与观测知识的学习,主要能够承担以下工作任务:

1. 导线弧垂的观测。
2. 导线弧垂的检查。

6.6.2　相关配套知识

架空线弧垂是指以杆塔为支持物而悬挂起来的,呈弧形的曲线。架空线任一点至两端悬挂点连线的铅垂距离,称为架空线该点的弧垂,用 f 表示。

在架空线档距内,当两端悬挂等高时,其最大弧垂处于档距中点,如图 6.16 所示;当两端悬挂点不等高时,两悬挂点高差为 h,其最大弧垂是指平行于两悬挂点连线的直线 A_1B_1 与架空线相切的切点到悬挂点连线之间的铅垂距离,即平行四边形切点的弧垂,如图 6.17 所示。这个切点仍位于档距中央。所以,架空线最大弧垂也称中点弧垂。

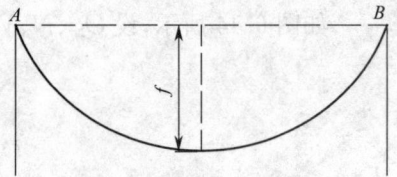

图 6.16　架空线弧垂

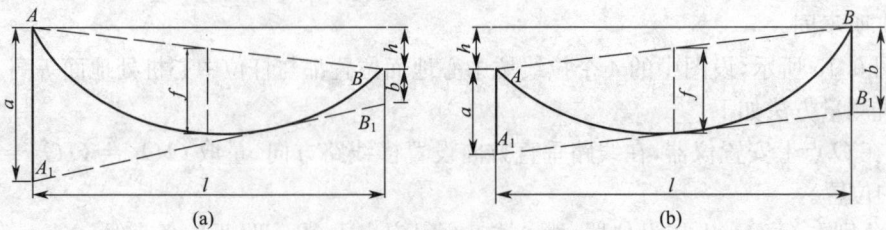

图 6.17　异长法观测架空线弧垂

为了使架空线在任何气象条件下都能保证导线接地、对被交叉跨越物的电气距离符合技术规程的要求，同时架空线对杆塔的作用力必须满足杆塔强度条件，设计时应根据所在地区的气象、架空线参数、档距及悬挂点高差等条件，通过一系列的计算，确定架线适当的弧垂值。施工时，根据设计资料及现场实际情况，计算出观测档距的弧垂值 f，并进行精确的弧垂观测，这样才能保证施工质量，从而提高线路的安全性。

1. 弧垂观测档的选择

紧线前，施工单位需根据线路塔位明细表中耐张段的技术数据、线路平断面定位图和现场实际情况，选择弧垂观测档距。根据耐张段的代表档距，按不同温度给出的代表档距下的弧垂值，计算出观测档的弧垂值。

一条送电线路由若干个耐张段构成，每个耐张段至少由一个档或多个档组成，仅一个档的耐张段称为孤立档；由多个档组成的耐张段称为连续档。孤立档按设计提供的安装弧垂数据观测；在连续档中，并不是每个都进行弧垂观测，而是从一个耐张段中选择一个或几个观测档进行观测。为了使整个耐张段内各档的弧垂都达到平衡，应根据连续档的多少确定观测档的档数和位置。对观测档的选择有下列要求：

1）耐张段在五档及以下档数时，选择靠近中间的一档作为观测档。

2）耐张段在六档至十二档时，靠近耐张段的两端各选取一档作为观测档。

3）耐张段在十二档及以上档数时，靠近耐张段的中间和两端各选取一档作为观测档。

4）弧垂观测档的数量可以根据现场条件适当增加，但不得减少。

2. 弧垂观测

架空弧垂观测的方法有异长法、角度法、等长法和平视法。在实际操作时，为了操作简便及不受档距、悬挂点高差在测量时所引起的影响，减少观测时大量的现场计算量以及掌握弧垂的实际误差范围，应首先选用异长法和等长法。当客观条件受限制时，可考虑采用平视法。

（1）异长法

异长法观测架空线弧垂，如图 6.17 所示，A、B 是观测档内不联耐张绝缘子串的架空线悬挂点，A_1B_1 是架空线的一条切线，其与观测档两侧杆塔的交点分别是 A_1、B_1。a 和 b 分别为 A 至 A_1 点、B 至 B_1 点的垂直距离，f 是观测档所要观测的弧垂计算值。

异长法观测架空线的弧垂是一种不用经纬仪观测弧垂的方法。在实际观测时，将两块长约 2 m，宽为 10～15 cm 红白相间的弧垂板水平地绑扎在杆塔上，其上缘分别与 A_1、B_1 点重合。当紧线时，观测人员目视两弧垂板的上部边缘，待架空线稳定并与视线相切时，该切点的垂度即为观测档的待测弧垂 f 值。

异长法观测弧垂方法是以目视或借助于低精度望远镜进行观测，由于观测人员视力差异及观测时视点与切点间水平、垂直距离的误差等因素，本观测法一般只适用于档距较短、弧垂较小以及地形平坦，弧垂最低点不低于两侧杆塔根部连线。

（2）角度法

角度法是用仪器（全站仪、经纬仪）测竖直角观测弧垂的一种方法。对于大档距、大弧垂，以及架空线悬挂点高差较大的观测档，采用该方法较为方便，并容易满足弧垂的精度要求。根据观测档的地形条件和弧垂大小，可选择档端、档侧任一点、档侧中点、档内及档外任一种适当的方法进行观测。其中档端角度法使用最多，其他方法因计算工作量较大，很少使用。

档端角度法的作业原理如图 6.18(a)、(b)所示，将仪器安置在架空线悬挂点的垂直下方，用测竖直角测定架空线的弧垂。紧线时，调整架空线的张力，使架空线稳定时的弧垂与望远镜的横丝相切,观测档的弧垂即测定。

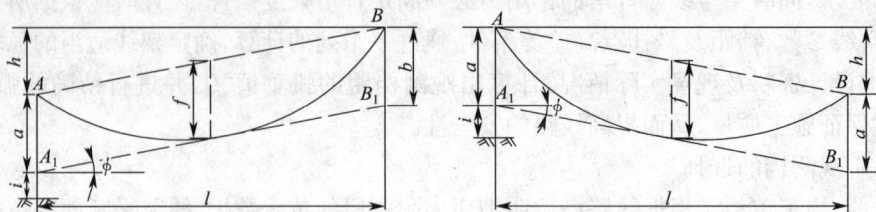

图 6.18　档端角度法观测架空线弧垂

由图 6.18 可知,弧垂观测角 ϕ 为

$$\phi = \arctan \frac{\pm h + a - b}{l} \tag{6.8}$$

式中　ϕ——观测竖直角。当仪器在低的一侧时,式中 h 取"＋"号,当仪器在高的一侧时,式中 h 取"－"号;计算出的值,正值为仰角,负值为俯角。

　　　　a——仪器横轴中心至架空线悬挂点的垂直距离;

　　　　b——仪器横丝与对侧杆塔悬挂点的铅垂线的交点至架空线悬挂点的垂直距离。

(3)等长法

等长法又称平行四边形法,也是一种用目视观测弧垂的方法,如图 6.19 所示。观测时,自观测档内两侧杆塔的架空线悬挂点 A 和 B 分别向下量取垂直距离 a 和 b,并使 a、b 等于所要测定的弧垂 f 值。在 a、b 值的下端边缘透视另一侧弧垂板上部边缘,调整架空线的张力,当架空线稳定并与 AB 视线相切,此时架空线弧垂即测定。

(4)平视法

平视法是采用水准仪或经纬仪使望远镜视线水平地观测弧垂的方法。在架空线经过大高差、大档距以及特殊地形情况下,前面所述的几种方法不能观测时,可采用本方法观测。

图 6.20 为平视法观测弧垂的示意图。图中 f 为用弧垂计算公式计算的观测档弧垂值。观测时,将仪器安置在预先测定的弧垂观测站 M 点上,使望远镜至水平状态。紧线时调整架空线的张力,待架空线稳定时,其最低点与望远镜水平横丝相切,即测定了观测档的弧垂。仪器横轴中心至架空线低侧悬挂点的垂直距离 f_1 称为小平视弧垂;至架空线高侧悬挂点的垂直距离 f_2 称为大平视弧垂。

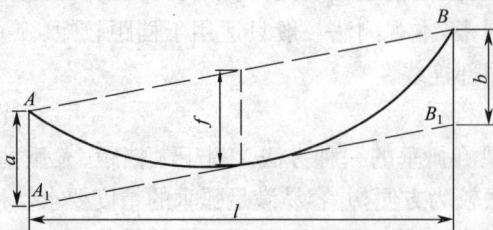

图 6.19　等长法观测弧垂

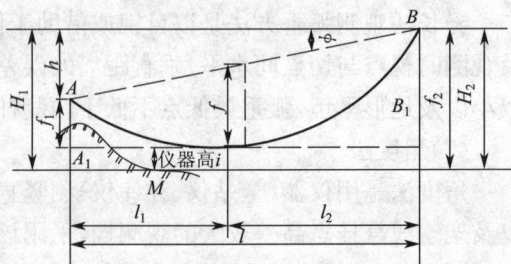

图 6.20　平视法观测弧垂

当悬挂点的高差 h 小于 4 倍弧垂 f 值时,才可使用平视法观测弧垂,否则,就不能使用本方法观测。

3. 弧垂检查

架空线路工程竣工后,应对导线、避雷线的弧垂进行复核检查,其结果应符合现行技术规范《110~500 kV 架空电力线路施工及验收》(GBJ 233—1999)的规定。相间弧垂允许不平衡量最大值见表 6.1。

表 6.1　弧垂允许偏差

线路电压等级	110 kV	220 kV 及以上
允许偏差	$+5‰,-2.5‰$	$±2.5‰$

下面介绍用异长法、档端角度法检查弧垂的方法。

(1)异长法检查弧垂

用异长法观测弧垂,是根据观测档的弧垂 f 计算值,选定适当的 a 值,计算出 b 值。而检查弧垂时,根据 a、b 值反过来推算实际弧垂 f 值。检查方法如图 6.21 所示,在检查档一侧选定适当的 a 值,作为观测点,如图中 A_1 点,水平绑扎一块弧垂板,从弧垂板的上部边缘透视架空线弧垂 O 点,使 AO 视线的延长线相交于另一侧杆塔 B 处,量出架空线悬挂点 B 至 B_1 点的垂直距离 b 值,则该档的实际弧垂值按下式计算

$$f = \frac{1}{4}(\sqrt{a} + \sqrt{b})^2 \tag{6.9}$$

以导线为例,如果所检查的三项导线水平排列,只需检查一项导线的弧垂 f 值;如果不是水平排列,则应分别测出 b 值,并分别计算 f 值,然后与该档的标准弧垂相比较,以判定弧垂是否符合质量标准。

(2)档端角度法检查弧垂

采用档端角度法检查弧垂,先测出实际弧垂观测角值,然后反算出检查档的实际弧垂 f 值,检查其实际弧垂值与该气温时计算弧垂值的偏差是否符合表 6.1 的规定。检查方法及步骤如下:

1)将仪器安置在架空线悬挂点 A 的垂直下方,如图 6.22 所示。量出 A 点至仪器横轴中心的垂直距离 a 值以及实验检查档的水平距离 l。

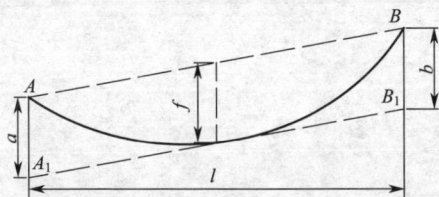

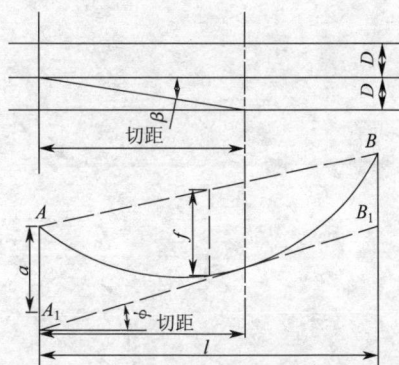

图 6.21　异长法检查弧垂　　　　　图 6.22　导线水平排列时档端角度法观测弧垂

2)使望远镜视线瞄准对侧架空线的悬挂点 B,用测竖直角的方法测出图中的竖直角值;再使望远镜视线与架空线弧垂相切,测出平均竖直角,则图中 b 及 f 值按下式计算:

$$b = l(\tan\phi_1 - \tan\phi) \tag{6.10}$$

将式(6.10)代入弧垂计算公式中得

$$f = \frac{1}{4}(\sqrt{a} + \sqrt{b})^2 = \frac{1}{4}\left[\sqrt{a} + \sqrt{l(\tan\phi_1 - \tan\phi)}\right]^2 \tag{6.11}$$

3)检查时的气温、检查档距以及代表档距,用弧垂计算公式计算出检查档的弧垂值,然后与实测弧垂值比较得到弧垂偏差 Δf,衡量其是否符合弧垂的质量标准。

项目小结

本项目主要讲述了架空送电线路勘察设计、施工过程中所进行的测量工作,主要包括送电线路路径方案的选择、选定线测量、杆塔定位测量、杆塔基坑放样、拉线放样、导线弧垂的放样与观测。

复习思考题

1.试述线路选取定线测量中几种方法的优缺点。

2.试述杆塔定位测量的作用步骤。

3.试述杆塔基坑放样的作业步骤。

4.试述导线弧垂放样和观测的作业方法。

参 考 文 献

［1］邱国屏.铁道测量.北京:中国铁道出版社,2004.

［2］覃辉.土木工程测量.上海:同济大学出版社,2005.

［3］中华人民共和国铁道部. TB 10101—2009 铁路工程测量规范.北京:中国铁道出版社,2010.

［4］中华人民共和国住房和城乡建设部,中华人民共和国质量检验检疫总局. GB 50026—2007 工程测量规范.北京:中国计划出版社,2008.

［5］中华人民共和国国家质量监督检验检疫总局,中国国家标准化管理委员会. GB/T 12898—2009 国家三、四等水准测量规范.北京:中国标准出版社,2009.

［6］中华人民共和国国家质量监督检验检疫总局,中国国家标准化管理委员会. GB/T 12897—2006 国家一、二等水准测量规范.北京:中国标准出版社,2006.

［7］陈久强,刘文生.土木工程测量.北京:北京大学出版社,2006.

［8］余志强.铁路测量.北京:中国铁道出版社,2008.

［9］张志刚.线桥隧测量.成都:西南交通大学出版社,2008.

［10］杨松林.测量学.北京:中国铁道出版社,2002.

［11］中华人民共和国铁道部. TB 10105—2009 改建铁路工程测量规范.北京:中国铁道出版社,2010.

［12］刘四新."极坐标法"测量既有线曲线.铁道勘测与设计,2002,124(4):6-7.

［13］中交第一公路勘察设计研究院. JTG C10—2007 公路勘测规范.北京:人民交通出版社,2007.

［14］中国有色金属工业协会. GB 50026—2007 工程测量规范.北京:中国计划出版社,2008.

［15］中交第一公路工程局有限公司. FHEC—LT—1—2007 公路工程施工测量工艺标准(道路).北京:人民交通出版社,2007.

［16］中交第一公路工程局有限公司. JTG F10—2006 公路路基施工技术规范.北京:人民交通出版社,2006.

［17］孙吉胜.2006 年新编路桥工程建设实用百科全书.北京:中国科技文化出版社,2006.

［18］中国石油集团工程设计有限责任公司西南分公司.油气输送管道工程测量规范.北京:中国计划出版社,2009.